HEYNE
BUSINESS

W0235642

Heyne · Campus

Al Ries /
Jack Trout

Marketing fängt beim Kunden an

Bottom-up Marketing –
Taktik geht vor Strategie

Aus dem Amerikanischen
von Mara Huber

WILHELM HEYNE VERLAG
MÜNCHEN

HEYNE BUSINESS
Nr. 22/2022

Titel der amerikanischen Originalausgabe:
BOTTOM-UP MARKETING
Erschienen 1989 bei McGraw-Hill, Inc., New York

Umwelthinweis:
Dieses Buch wurde auf
chlor- und säurefreiem Papier gedruckt.

Ungekürzte Taschenbuchausgabe im
Wilhelm Heyne Verlag GmbH & Co. KG, München
Copyright © 1989 by McGraw-Hill, Inc., New York
Copyright © 1990 der deutschsprachigen Ausgabe
by Campus Verlag GmbH, Frankfurt/Main
Printed in Germany 1996
Umschlaggestaltung: Atelier Adolf Bachmann, Reischach
Herstellung: M. Spinola
Satz: Schaber Satz- und Datentechnik, Wels
Druck und Verarbeitung: Presse-Druck, Augsburg

ISBN 3-453-09911-7

Inhalt

Das Wesentliche am Bottom-up-Marketing ist, sich – im übertragenen Sinn – die Finger schmutzig zu machen. Wenn Sie das Zeug dazu haben, könnten Sie der nächste Gates (Microsoft), Monaghan (Domino's Pizza) oder Smith (Federal Express) sein. Natürlich gehört auch etwas Glück dazu

Einführung

Unsere ersten beiden Bücher waren ›Lehrbücher‹ über die Prinzipien der Kommunikation und die Prinzipien des Marketings.

Das erste Buch, *Positioning: The Battle for Your Mind,* war ein Lehrbuch über Kommunikation. Der Positionierungstheorie zufolge enthält die Wahrnehmung des Kunden Plätze oder Positionen, die ein Unternehmen zu besetzen versucht. Das ist leicht, wenn die Position frei ist, aber schwierig, wenn sie von einem Konkurrenten besetzt ist. Im zweiten Fall muß die Firma ›ihre Konkurrenz repositionieren‹, wenn sie in die Köpfe hineinkommen will.

Unser zweites Buch, *Marketing Warfare,* war ein Marketing-Lehrbuch. Es brachte erstmals die Überzeugung in die Marketing-Arena ein, daß Marketing kein einseitiger Prozeß der Kundenbedienung ist.

Die wahre Natur des Marketings heute besteht darin, die Konkurrenz zu überlisten, an der Flanke zu erwischen und niederzuringen. Kurz, Marketing ist der Kampf um den Kunden. Es gibt nicht nur eine Methode, diese Kampagne zu führen. Es gibt vielmehr deren vier: defensiv, offensiv, den Flankenkrieg und den Guerillakrieg. Zu wissen, auf welche Art Sie die Kampagne führen, ist Ihre erste und wichtigste Entscheidung.

Das dritte Buch

Anders als die beiden ersten ist *Marketing fängt beim Kunden an* kein Lehrbuch. Es ist ein Buch zur Selbsthilfe für Geschäftsleute, die auf die Überholspur wollen.

Einer kürzlich erstellten Studie zufolge steigen in diesem wettbewerborientierten Milieu mehr Führungskräfte durch Verkauf und Marketing in die Unternehmensspitze auf als durch jede andere Funktion.

In unserem Zeitalter des Wettbewerbs ist der traditionelle ›Top-Down‹-Ansatz im Marketing nicht mehr zeitgemäß. Was nützen langfristige strategische Pläne, wenn man nicht vorhersehen kann, was die Konkurrenz künftig tun wird? Wie kann man auf einen Konkurrenten reagieren, wenn man seine Mittel in einen langfristigen Plan eingebunden hat?

Strategie und Taktik

Marketing fängt beim Kunden an ignoriert die Prinzipien des Positionierens und des Marketing-Kampfes nicht, sondern integriert beide Konzepte. Freilich nicht so, wie Sie es vielleicht erwarten. Kommunikation ist, wie im Buch *Positioning* beschrieben, die Taktik eines Unternehmens. Dazu gehören im typischen Fall die Werbung der Firma, Öffentlichkeitsarbeit, Verkaufsausstellungen usw.

Marketing ist hingegen die Strategie eines Unternehmens. Im typischen Fall wird die Firmenstrategie in einem Dokument dargestellt, das das Endergebnis eines strategischen Planungsprozesses ist.

Strategieplanung findet heute zuhauf statt. Das Management hat sich in dieses Konzept verliebt. Kein Großunternehmen, das etwas auf sich hält, könnte ohne einen Vizepräsidenten für langfristige Strategieplanung leben.

Wir sind gegen langfristige Strategieplanung, Aufgabenbeschreibungen, Zielvorgaben, Firmenpläne, Jahresbudgets.

Wir glauben, daß die meisten Manager heute die entscheidende Beziehung zwischen Strategie und Taktik nicht verstehen. Darum sind sie weiterhin vom strategischen Planungsprozeß betört.

Nach der traditionellen Theorie sollte erst die Unternehmensleitung die Strategie für eine Marketing-Kampagne festsetzen. Dann entscheidet das mittlere Management, mit welchen Taktiken die Strategie umzusetzen ist.

Wir sind anderer Meinung. Unser Konzept ist genau umgekehrt.

Kapitel 1

Taktik diktiert die Strategie

Nach Jahren strategischer Arbeit für einige der größten amerikanischen Firmen sind wir zu einem revolutionären Schluß gekommen: Strategie sollte von unten nach oben, nicht von oben nach unten entwickelt werden. Strategie sollte also aus einer tiefen, praxisbezogenen Kenntnis der tatsächlichen Taktik der Firma selbst entwickelt werden. – Taktik diktiert die Strategie. Das heißt, die Kommunikationstaktik diktiert die Marketing-Strategie. Die meisten Absatzfachleute glauben das Gegenteil. Die Lehrmeinung ist, daß die große Strategie der Organisation als erstes festgesetzt werden sollte; dann könne die Taktik folgen.

Das Naheliegende herausfordern

Einige der produktivsten Entwicklungslinien in Naturwissenschaft, Medizin und Wirtschaft wurden durch die Herausforderung naheliegender Wahrheiten stimuliert. Riemann kippte den fünften Euklidischen Satz, demgemäß man nicht mehr als eine Parallele zu einer bestimmten, geraden Linie durch einen bestimmten Punkt ziehen könne. Die Physiker erforschen noch immer die vielen Konsequenzen der Riemannschen Geometrie. Für jede naheliegende Wahrheit scheint es eine Möglichkeit des Fortschritts zu geben, sei es in der Wissenschaft oder in der Wirtschaft.

›Strategie diktiert die Taktik‹ ist ein Wirtschafts-Axiom, das vielleicht so tief in Ihrem Denken verankert ist, daß Sie es selbst nicht wahrnehmen. Zunächst einmal sagt niemand je ›Taktik und Strategie‹. Es ist immer umgekehrt.

Außerdem scheint das Umgekehrte völlig logisch. Zuerst beschließt man, was man tun will (die Strategie), dann beschließt man, wie man es macht (die Taktik).

»Unsere Pläne schlagen fehl, weil sie kein Ziel haben«, sagte Seneca. »Wenn ein Mann nicht weiß, welchen Hafen er ansteuert, ist kein Wind der richtige.« Wer kann das anfechten?

Wir. Christoph Kolumbus wollte eine Abkürzung nach Indien finden (die Strategie), indem er westlich statt östlich segelte (die Taktik). Er starb in der Überzeugung, ein Versager zu sein, weil er nie den indischen Subkontinent fand, den er gesucht hatte.

Hätte er die Taktik die Strategie diktieren lassen, so wäre ihm vielleicht aufgegangen, daß er Amerika entdeckt hatte – eine viel bedeutendere Entdeckung als die Abkürzung nach Indien.

Kolumbus war Seemann, und zwar ein sehr guter. Er hätte sich gerade deshalb für die Taktik entscheiden sollen, nach Westen zu segeln, weil alle anderen nach Osten segelten (im Marketing hätten wir das eine Flankenaktion genannt). Was immer man finden konnte, wenn man nach Westen segelte: Kolumbus würde es als Erster gefunden haben.

Die Sünden des Top-Down-Denkens

Manager sind besessen von dem, ›was sie tun wollen‹. Was sind langfristige Pläne anderes als eine sorgfältige Darstellung dessen, wo die Manager ihre Firma in fünf oder zehn Jahren haben wollen?

Wer das Hauptgewicht auf die Strategie legt, oder darauf, wo er zehn Jahre später stehen will, begeht die beiden Todsünden der Wirtschaft: (1) die Weigerung, Mißerfolge zu akzeptieren und (2) das Versäumnis, den Erfolg zu nutzen. Beide Sünden sind Folgen des Top-Down-Denkens.

Kolumbus wollte nicht akzeptieren, daß er keinen Seeweg nach Indien gefunden hatte, und er nutzte die großartige Entdeckung nicht, die er statt dessen gemacht hatte.

Firmen, die der Strategie den Vorrang geben, wollen gewöhnlich Mißerfolge nicht akzeptieren, weil sie meinen, eine kleine Korrektur an der Taktik reiche aus, um einem Projekt zum Erfolg zu verhelfen.

In den fünfziger Jahren traf General Electric die strategische Entscheidung, in das Geschäft mit Großrechnern einzusteigen. Nach 14 Jahren Einsatz und 400 Millionen Dollar Verlusten warf man schließlich das Handtuch. Die kleinen Korrekturen an der Taktik erwiesen sich als große Geldverschwendung. Nehmen wir an, man hätte den Prozeß auf den Kopf gestellt. Statt mit IBM, Univac, Burroughs, NCR, RCA, Control Data, Honeywell und den anderen Großrechner-Produzenten nach Osten zu gehen, wäre GE allein nach Westen gegangen.

GE hatte zwei Alternativen: die Einführung eines Supercomputers am oberen Ende der Skala oder eines Personal Computers am unteren Ende. Aber damals gab es weder für Supercomputer noch für PCs einen Markt. Eben deshalb hätten beide Taktiken GE in die Position der ersten Firma für einen neuen Computer gesetzt.

Ob eine der beiden Möglichkeiten profitabel gewesen wäre, ist eine andere Frage. Das hätte die Zukunft entschieden (tatsächlich wurden beide Richtungen für wenigstens zwei Firmen enorm profitabel. Cray am oberen Ende der Skala, Apple am unteren Ende).

Es gab keine Garantie, daß Kolumbus am Ende seiner Reise irgend etwas finden würde. Aber wenn überhaupt jemand etwas fand, würde es Kolumbus gewesen sein, weil er es als Erster tat.

Dasselbe Prinzip ist auf Marketing anwendbar. Die einzig sichere Taktik besteht darin, einen Weg zu finden, um als Erster in das Denken des Verbrauchers Eingang zu finden. Und da Sie der Erste sind, gibt es für Ihre Ware oder Dienstleistung keinen Markt. Sie müssen sich den Markt selbst schaffen.

Wer den Mißerfolg nicht akzeptiert, nutzt oft auch nicht den Erfolg. Der einzige Fortschritt, den GE im Großrechner-Geschäft machte, war die Entwicklung des ›Time-Sharing‹*. Diese Leistung erzielte das Unternehmen, weil es die Idee als Erstes einführte. Dieser Erfolg hätte die Firma ermutigen sollen, all ihre Computer-Aktivitäten in einer Time-Sharing-Linie zu bündeln. Aber dieses Konzept paßte nicht in die Strategie von GE, durch die Vermarktung einer kompletten Computerlinie eine zweite IBM zu werden. So wurde die Chance vertan.

Wie überall, so neigt man in der Wirtschaft dazu, das zu sehen, was man sehen möchte. Gerade deshalb ist Top-Down-Denken ja so gefährlich. Man neigt dazu, alle Faktoren zu übersehen, die nicht direkt mit dem Erfolg der Strategie zu tun haben.

Den Prozeß umkehren

Kehrt man den Prozeß um, ergeben sich manchmal wichtige Entdeckungen.

Die Forschungsabteilung bei Wick entwickelte ein neues flüssiges Mittel gegen Erkältung, das den kratzenden Hals und die tränenden Augen linderte, aber leider auch schläfrig machte. Das war ein Problem, wenn man zur Arbeit gehen oder Auto fahren wollte.

Statt die Forschung abzuschreiben, kam jemand bei Wick auf eine glänzende Idee. Wenn das Produkt schläfrig macht, positionieren wir es doch als Erkältungsmittel für die Nacht. »Das erste Erkältungsmittel für die Nacht« ist eine Werbetaktik, die funktioniert, weil sie auf dem bewährten Prinzip des Zuerstkommens beruht.

Und das tat sie. Wick MediNait wurde das erfolgreichste neue Produkt in Wicks Geschichte. Heute ist Wick MediNait das Erkältungsmittel Nummer 1.

Die Taktik (das erste Erkältungsmittel für die Nacht) diktiert die Strategie (ein wichtiges neues Erkältungsmittel namens ›Wick MediNait‹ einführen).

---

* Time-Sharing ist die heute allgemein gebräuchliche gleichzeitige Nutzung einer Großrechenanlage durch mehrere Benutzer (Anm.d.Ü.)

Was ist eine Taktik?

Eine Taktik ist eine Idee. Wer eine Taktik sucht, sucht eine Idee.

Der Begriff Idee ist allerdings nebulös. *Was* für eine Idee? *Wo* findet man eine? Dies sind die Fragen, die es zuerst zu beantworten gilt.

Um Ihnen bei der Beantwortung dieser Fragen zu helfen, schlagen wir vor, die folgende, spezifische Definition zu verwenden: Eine Taktik ist ein *wettbewerbsorientierter Denkansatz.*

Eine Taktik muß wettbewerbsorientiert sein, um Erfolgschancen zu haben. Das bedeutet nicht notwendig ein besseres Produkt oder eine bessere Dienstleistung, sondern es muß ein Element des Andersseins darin sein. Es könnte kleiner, größer, leichter, schwerer, billiger, teurer sein. Es könnte ein anderes Verteilungssystem sein.

Außerdem muß die Taktik wettbewerbsorientiert in bezug auf die gesamte Marketing-Arena sein, nicht nur in bezug auf ein, zwei andere Produkte oder Dienstleistungen.

So war zum Beispiel VWs Entscheidung Ende der fünfziger Jahre, ›den ersten‹ Kleinwagen einzuführen, eine ausgezeichnete, wettbewerbsorientierte Taktik. Damals stellte General Motors nichts als große, chromstrotzende Schlachtschiffe her. Der Käfer war ein umwerfender Erfolg.

Der VW-Käfer war natürlich nicht der erste Kleinwagen auf dem Markt. Aber er war der erste, der in der Wahrnehmung des Kunden die Position ›klein‹ besetzte. Er machte eine Tugend aus seiner Kleinheit, während andere sich dafür entschuldigten, indem sie über ›Geräumigkeit‹ sprachen. »Think small« lauteten die VW-Anzeigen.

Ein Beispiel für schlechte Taktik war in den sechziger Jahren Seagrams Idee, gegen Marken wie Jim Beam und Old Grand-Dad einen neuen Bourbon einzuführen. Aus Benchmark Bourbon ist nichts geworden, weil er nicht wettbewerbsorientiert war.

Zweitens muß eine Taktik ein wettbewerbsorientierter

*Denk*ansatz sein. Mit anderen Worten: Die Schlacht wird in der Wahrnehmung des Verbrauchers geschlagen.

Mitbewerber, die in der Wahrnehmung des Kunden nicht existieren, kann man ignorieren. Es gab massenhaft Pizzaläden mit Lieferservice, als Tom Monaghan Domino's lancierte. Aber keiner hatte die Position ›Lieferung nach Hause‹ in den Köpfen besetzt.

Andererseits gibt es Konkurrenten, die beim Kunden starke Vorstellungen besetzen, die aber nicht mit der Wirklichkeit übereinstimmen. Es ist die Vorstellung, die bei der Wahl einer Taktik berücksichtigt werden muß – nicht die Wirklichkeit.

Ein wettbewerbsorientierter *Denk*ansatz ist der Punkt in der Wahrnehmung des Kunden, der es ermöglicht, daß Ihr Absatzprogramm funktioniert. An diesem Punkt müssen Sie ansetzen, um etwas zu erreichen.

Aber Taktik reicht nicht aus. Um den Prozeß zu vervollständigen, müssen Sie aus der Taktik eine Strategie machen (wenn die Taktik ein Nagel ist, ist die Strategie ein Hammer). Sie brauchen beides, um eine Position im Denken zu besetzen.

Was ist eine Strategie?

Eine Strategie ist kein Ziel. Wie das Leben selbst sollte die Strategie sich auf den Weg konzentrieren, nicht auf das Ziel. Top-Down-Denker sind zielorientiert. Zuerst stellen sie fest, was sie erreichen wollen, dann versuchen sie, Mittel und Wege zu finden, um ihre Ziele zu erreichen.

Die meisten Ziele sind aber schlicht nicht zu erreichen. Sich Ziele zu setzen wird oft zu einer frustrierenden Übung.

Marketing ist ebenso wie Politik die Kunst des Möglichen. Als Roger Smith 1981 General Motors übernahm, sagte er voraus, GM würde einmal 70 % des traditionellen amerikanischen Automobilmarktes der Großen Drei besitzen (1980 waren es rund 66 % gewesen). Um dieser gewaltigen Verantwortung nachzukommen, begann GM ein 50 Milliarden

Dollar teures Modernisierungsprogramm. Zur Zeit hat General Motors 58% Anteil am amerikanischen Markt der Großen Drei, und der Anteil fällt noch. GM macht mit Autos in Nordamerika jährlich mehrere hundert Millionen Dollar Verlust. Smiths Ziel war einfach nicht zu erreichen, weil es nicht auf einer soliden Taktik beruhte.

Wir definieren Strategie nicht als Ziel. Eine Strategie ist eine *kohärente Marketing-Ausrichtung*.

Eine Strategie ist *kohärent* in dem Sinn, daß sie auf die zuvor gewählte Taktik ausgerichtet ist. VW hatte einen großen taktischen Erfolg mit dem Kleinwagen, aber es gelang dem Unternehmen nicht, diese Idee zu einer kohärenten Strategie auszubauen. Es vergaß den Begriff ›klein‹ und zog es vor, statt dessen eine Familie großer, schneller und teurer Volkswagen auf den US-Markt zu bringen. Diese Taktik war aber bereits von anderen Automobilherstellern besetzt. Das eröffnete den Japanern die Möglichkeit, die Idee des kleinen Autos zu übernehmen.

Zweitens umfaßt eine Strategie die kohärente *Marketing*-Ausrichtung. Produkt- und Preispolitik, Verteilung, Werbung – all die Aktivitäten, aus denen das Marketing-Mix besteht, müssen kohärent auf die Taktik bezogen sein.

(Denken Sie sich Taktik als Licht von einer bestimmten Wellenlänge und die Strategie als Laser, der auf diese Wellenlänge eingestellt ist. Man braucht beides, um in das Denken des Verbrauchers einzudringen.)

Schließlich ist Strategie eine kohärente Marketing-Ausrichtung. Ist die Strategie einmal etabliert, sollte man die Richtung nicht mehr ändern.

Zweck der Strategie ist es, Ihre Mittel zu mobilisieren, um sich die Taktik zu sichern. Wenn Sie all Ihre Mittel in eine strategische Richtung lenken, maximieren Sie die Nutzung der Taktik – ohne die Begrenzung, die ein vorgegebenes Ziel impliziert.

Die sicherste Strategie beim Marketing ist die schnelle Nutzung der Taktik. Ausruhen ist für Verlierer. Gewinner halten Druck.

Taktik gegen Strategie

Eine Taktik ist ein einzelner Gedanke oder Denkansatz. Eine Strategie hat viele Elemente, die alle auf die Taktik bezogen sind.

Eine Taktik ist ein Denkansatz, der einzigartig oder anders ist. Eine Strategie kann durchaus etwas Gängiges sein.

Eine Taktik ist zeitunabhängig und relativ konstant. Eine Strategie entfaltet sich über einen gewissen Zeitraum. Der Ausverkauf ist eine Taktik, die die meisten amerikanischen Einzelhändler irgendwann einmal anwenden. Einige Einzelhändler haben diese Taktik zu einer schlagkräftigen Strategie hochgezogen. Syms ist ein äußerst erfolgreiches Discount-Kleidergeschäft in 10 Staaten des amerikanischen Ostens und Mittelwestens. »Bei Syms«, heißt es in der Fernsehwerbung, »werden Sie nie das Wort Ausverkauf hören. Ein Verbraucher, der sich auskennt, ist unser bester Kunde.«

Eine Taktik ist ein Wettbewerbsvorteil. Eine Strategie ist darauf ausgerichtet, diesen Wettbewerbsvorteil zu halten. Eine Taktik ist nicht Teil der Ware, Dienstleistung oder Firma. Sie braucht nicht einmal ein Produkt der Firma zu sein. Eine Strategie ist intern (Strategien erfordern oft ein hohes Maß an interner Umstrukturierung).

Eine Taktik ist kommunikationsorientiert. Eine Strategie ist produkt-, dienstleistungs- oder firmenorientiert.

Das Prinzip des Bottom-up-Marketings ist einfach: Man arbeitet sich vom Spezifischen zum Allgemeinen, vom Kurzfristigen zum Langfristigen vor.

Wichtig ist auch die Einzahl im Bottom-up-Marketing. Man findet eine Taktik, die funktioniert, und baut sie dann zu einer Strategie aus. Man findet *eine* Taktik, nicht zwei, drei oder vier.

Eine Strategie und eine Vielfalt an Taktiken

Die meisten Manager denken nach dem Schema Strategie und Taktiken. Das heißt, sie suchen eine Strategie, die sie in vielen verschiedenen Taktiken umsetzen können. Das Hauptgewicht im traditionellen Marketing liegt auf Expansion in die Breite, in verschiedene Märkte, unter Anwendung mehrerer Taktiken. Dann wird die Unternehmensstrategie immer allgemeiner, um eine Flut von Taktiken einzubeziehen.

Als John M. Stafford Vorstandsmitglied von Pillsbury wurde, war seine erste große Tat laut *Wall Street Journal* die Einsetzung einer Kommission, die eine ausführliche Erklärung über ›Mission und Werte‹ der Firma verfassen sollte. Er glaubte wahrscheinlich an Management à la Moses. Erst geht man auf den Berg, um die Schrifttafeln zu holen. Dann kommt man herunter vom Berg, um die Zehn Gebote umzusetzen.

Bei Stafford funktionierte diese Art nicht. Offenbar konnten die Manager von Burger King und Pillsburys anderen Restaurants die Mission des Unternehmens nicht effektiv ausführen. Besonders das Gebot nicht, das da lautete: »Du sollst eine angemessene Gewinnspanne erwirtschaften.« Und so wurde Stafford gefeuert, weil er eines seiner Gebote gebrochen hatte.

Die meisten Generäle, sei es im Militär oder im Marketing, konzentrieren sich ungern auf Taktik. Es verdirbt ihnen den Spaß am Geschehen.

Die meisten Generäle generalisieren gern. Es paßt besser zu den Privilegien höherer Chargen, am Papier über ›Mission und Werte‹ zu arbeiten, als einen Whopper bei Burger King zu essen. Wer es zum Hohepriester der Wirtschaft gebracht hat, fühlt den unwiderstehlichen Drang, dogmatisch zu werden.

Wer an die Spitze gelangt, möchte ›frei‹ sein. Frei von all den lästigen taktischen Details des Geschäfts. Frei für die Seite des Marketings, die Spaß macht: die Entwicklung der großen Strategie.

Schlachten gewinnt man durch Taktik

Marketing-Schlachten werden jedoch auf der taktischen Ebene gewonnen und verloren, nicht auf der strategischen Ebene. Die Taktik entscheidet über Erfolg oder Mißerfolg.

Eine Taktik kann ein ziemlich kleiner Vorteil sein. Die Taktik, die Tom Monaghan sich bei Domino's zunutze machte, war die Konzentration auf Lieferung von Pizza nach Hause, und nur hierauf. An sich keine wahnsinnig aufregende Idee. Aber sie war einzigartig und anders, weil keine andere Pizzakette dies tat.

Wohlgemerkt: Domino's Taktik war *eine* Taktik, nicht eine Sammlung von Taktiken. Die Idee wurde ausschließlich um die Lieferung frei Haus herumgebaut. Nicht Lieferung frei Haus plus Straßenverkauf plus Restaurant plus Hamburger plus Hotdogs plus Schnickschnack.

Was Domino's zu einem solchen Kraftwerk machte, war die strategische Auswirkung der Taktik ›Lieferung nach Hause‹. Dadurch, daß die Firma eine in ganz Amerika verbreitete Kette von Pizzalieferanten aufbaute, konnte sie den Begriff »Lieferung von Pizza nach Hause in 30 Minuten, garantiert« für sich reservieren.

Gesucht: zur Strategie passende Taktik

Traditionelle Top-Down-Denker glauben manchmal, sie arbeiteten von unten nach oben, während sie es in Wirklichkeit nicht tun. Sie verbringen Stunden damit, mögliche Taktiken zu sieben. In Wahrheit suchen Sie allerdings nach Taktiken, die zu ihrer vorgefertigten Strategie passen. »Eine Kette, die frei Haus liefert, paßt nicht zu unserer Strategie«, hatte sich Pizza Hut womöglich gesagt. »Wir sind eine Restaurantkette.«

Ergebnis: Monaghan hat ein Vermögen verdient, und Pizza Hut hat eine Chance verpaßt.

Der Denkfehler ist klar. Manager suchen die Marketing-Arena nach Taktiken ab. Da sie schon beschlossen haben, was sie tun wollen, suchen sie nach Methoden, es zu tun. Klingt logisch, nicht?

Besonders wichtig: Veränderung

Besonders wichtig beim Bottom-up-Marketing ist die Veränderung der Organisation. Ohne Änderung an Produkt, Dienstleistung, Preis oder Verteilung läuft jede Strategie Gefahr, eine bedeutungslose Worthülse zu bleiben.

Beim traditionellen Top-Down-Marketing wird die Veränderung des Umfelds betont. »Um unser Ziel von 10 % mehr Marktanteil zu erreichen, müssen wir die Beliebtheit unserer Marke steigern«, sagt der traditionelle Stratege.

Mit anderen Worten: Nicht *Sie* ändern sich; Sie versuchen, den Markt zu verändern. Dies ist Top-Down-Denken in seiner schlimmsten Form.

Der Zweck der Strategie

Eine der nutzlosesten Übungen im Marketing besteht darin, um einen Konferenztisch zu sitzen und Strategien zu bewerten. Es gibt keine *guten* Strategien. Es gibt Strategien, die taktisch funktionieren, und Strategien, die taktisch nicht funktionieren. Wenn dies der Fall ist, wozu ist eine Strategie dann gut?

Der Zweck der Strategie ist es, die Konkurrenten an der Schädigung Ihrer Taktik zu hindern. *Ein* Domino's Pizzalieferant hätte vom Marktführer Pizza Hut leicht ausgeschaltet werden können. Mit der Strategie, zu einer Pizza-Lieferkette über ganz Amerika zu expandieren, trieb Domino's einen wirksamen Keil in die Konkurrenz.

Die Taktik ist der Denkansatz, der die Ergebnisse bringt. Die Strategie ist die Organisation des Unternehmens, um den maximalen taktischen Druck zu erzeugen.

Taktik diktiert die Strategie. Dann treibt die Strategie die Taktik voran. Wer sagt, eines sei wichtiger als das andere, begreift das Wesentliche am Bottom-up-Prozeß nicht. Die Beziehung zwischen den beiden ist der entscheidende Aspekt des erfolgreichen Marketings.

Was ist wichtiger beim Flugzeugbau: Das Triebwerk oder die Tragfläche? Keines von beiden. Die Beziehung

zwischen den beiden entscheidet, ob Ihr Flugzeug abhebt.

Die Taktik ist die Idee, die Ihr Geschäft betrifft. Die
Strategie gibt der Taktik Flügel, mit denen Ihr Geschäft
steil aufsteigen kann.

Top-Down gegen Bottom-up

Manager, die von oben nach unten planen, versuchen,
Dinge zu erzwingen. Manager, die von unten nach oben
planen, versuchen Dinge zu finden, die sie nutzen können.

Top-Down-Manager jagen innerhalb bestehender Märkte.
Bottom-up-Manager schauen nach neuen Chancen.

Top-Down-Manager sind nach innen orientiert. Bottom-
up-Manager sind nach außen orientiert.

Top-Down-Manager glauben an langfristigen Erfolg und
kurzfristige Verluste. Bottom-up-Manager glauben an kurzfristigen Erfolg und langfristigen Erfolg.

Kapitel 2

Den Elfenbeinturm verlassen

»Wären diese Bücher je entstanden«, fragte sich Ian Fleming einmal, »wenn ich nicht in dem herrlichen Vakuum eines Urlaubs auf Jamaica gelebt hätte?«

»Ich bezweifle es«, sagte der Autor der James-Bond-Romane.

Während das warme Wetter von Jamaica Ian Fleming inspirierte, wirkte bei Jack O'Neill die kalte Brandung von Santa Cruz. Als passionierter Surfer bekam O'Neill es satt, sich zu Tode zu frieren, und erfand den ersten Surfanzug. Heute ist die O'Neill Inc. eine Surfanzug-Herstellerfirma mit Millionenumsätzen. Den Elfenbeinturm verlassen, einen Denkansatz für den Wettbewerb finden, dann zurück ins Hauptquartier kommen und die Änderungen vornehmen, die zur Ausnutzung dieses Denkansatzes notwendig sind – das ist das Wesen des Bottom-up-Marketings.

Das ist leichter gesagt als getan.

Vizepräsident als Verantwortlicher für die Front?

Wenn die Taktik die Strategie diktieren sollte, dann besteht der entscheidende Schritt im gesamten Absatzverfahren darin, ›an die Front hinunterzugehen‹. Leider haben die meisten Firmen keinen Vizepräsidenten, der für diese Funktion verantwortlich ist.

Das, lieber Leser, liebe Leserin, ist Ihre Chance. Sie haben auf Anhieb die goldene Chance, eine glänzende Marketing-Strategie für Ihre Firma (oder für sich selbst) zu entwickeln, weil dieses Feld so weit offen ist.

Verwechseln Sie das ›Hinuntergehen an die Front‹ nicht damit, jemanden an die Front zu ›schicken‹. In den meisten Firmen werden eine Menge Leute geschickt. Es wird persönlich geschickt, etwa indem man die Verkäufer um Berichte bittet. Es wird unpersönlich geschickt, indem man eine Marktforschung in Auftrag gibt.

An Marktforschung ist nichts auszusetzen, solange Sie daran denken, daß Marketing ein Zukunftsspiel ist. Die meisten Marktforschungen sind Berichte über die Vergangenheit.

Die Forschung sagt Ihnen, was die Verbraucher bereits getan haben – nicht, was sie tun werden (sie wissen nicht, was sie tun werden; verwirren Sie sie also nicht mit Fragen).

Es ist auch nichts daran auszusetzen, jemanden an die Kundenfront zu schicken. Aber nichts ist besser, als Ihre Informationen aus erster Hand zu bekommen.

Allzuviele Manager meinen, sie könnten eine Marketing-Operation vom Schreibtisch aus lenken. »Ein Schreibtisch«, schreibt der Romanschriftsteller John LeCarre, »ist ein gefährlicher Platz, um die Welt zu beobachten.«

Bottom-up auf japanische Art

Bottom-up-Marketing ist nicht dasselbe wie das japanische System, von der Basis zur Spitze einer Organisation einen Konsens zu bilden. Dabei wird die Verantwortung für den Unternehmenserfolg auf denjenigen abgewälzt, der in der Fimenarmee am niedrigsten rangiert.

»In der Vergangenheit brauchten wir keine starken Befehlsgewaltigen«, sagt Jiro Tokuyama, der emeritierte Dekan der Nomura School of Advanced Management. In der Periode des starken Wachstums gediehen die japanischen Firmen, indem sie die gleiche Art Produkte wie ihre Konkurrenten herstellten, nur besser und billiger.

Oder, wie Herr Tokuyama es ausdrückt: »Der ganze Graben selbst bewegte sich.«

Heute stellt eine Branche nach der anderen fest, daß der

alte Stil des japanischen Managements (mit schrittweiser Konsensbildung und Entscheidungsfindung von unten nach oben) den ›Graben‹ der Firmen nicht schnell genug oder nicht in neue Richtungen bewegt.

Beim Bottom-up-Marketing auf japanische Art geht es mehr darum, wer das Marketing macht, als was gemacht wird. Manchmal hat man Glück. Manchmal kommt der einfache Rekrut durch. Manchmal hat der kleine Angestellte die glänzende Idee, die der Firma zum großen Erfolg verhilft.

Aber die Zeit arbeitet gegen diesen Prozeß. Im japanischen System muß das Konzept sich hocharbeiten. Auf jeder Sprosse der Leiter muß ein Konsens erreicht werden. Die Chancen für die glänzende Idee stehen schlecht.

Die besten Marketing-Schachzüge sehen im voraus selten wie große Gewinner aus. Höchstwahrscheinlich sind die besten Marketing-Schachzüge von Ihren Konkurrenten bereits in Betracht gezogen und verworfen worden.

Marketing ist ein Spiel wie Rommé. Man findet einige seiner besten Ideen bei den abgelegten Karten.

Jedes Konzept, das in Ihrer eigenen Firma einstimmigen Beifall fände, wird von jemand anderem schon eingesetzt. Das ist ein Grund, warum das japanische System Konformität produziert – bei Waren wie bei Menschen.

Was ist der Unterschied zwischen einem Videorecorder von Hitachi, JVC, Panasonic und Toshiba? Nicht viel. Sie alle sind Nutznießer (oder Opfer) des japanischen Bottom-up-Stils des Konsens-Marketings. Die Unterschiede sind während des Aufstiegs der Idee von der Basis zur Spitze der Organisation sämtlich ausgebügelt worden.

Bottom-up nach Art der Autoren

In unserem Bottom-up-System ist Marketing keine Frage des ›Wer‹. Marketing ist eine Frage des ›Was‹.

Als erstes müssen Sie entscheiden, ›was‹ für eine Taktik Sie einsetzen wollen. Sie müssen also eine Taktik wählen, die einen wettbewerbsorientierten Denkansatz abgibt. Dann müssen Sie entscheiden, wie Sie die Taktik zu einer kohärenten Marketing-Ausrichtung ausbauen wollen. Erst nachdem diese Schritte getan sind, können Sie bestimmen, ›wer‹ die Strategie umsetzen soll.

Die meisten Firmen setzen ihre Prioritäten umgekehrt. Sie sind um Leute mit Titeln organisiert, die aussagen, was diese Leute eigentlich tun sollten.

Verkaufsleiter leiten den Verkauf. Marketingleiter leiten das Marketing. Werbeleiter leiten die Werbung. ›Wer tut wem etwas‹ ist in den meisten Organisationen ziemlich klar. Was fehlt, ist eine Ahnung davon, was getan werden muß, und ein System, um die Dinge in der natürlichen, logischen Ordnung getan zu bekommen.

Dieses Buch ist nicht für Marketingleiter geschrieben – sie haben gewöhnlich nicht die Autorität, die Dinge zu tun, die wir empfehlen. Es ist auch nicht für Top-Manager geschrieben, die die Autorität haben mögen, aber oft nicht die Dinge so sehen, wie sie tatsächlich sind.

Dieses Buch ist für alle geschrieben, die die Prinzipien des Bottom-up-Marketings ohne die Beschränkungen anwenden wollen, die ein Organisationsplan auferlegt.

Stehen Sie nicht oben in der Hierarchie? Dann müssen Sie vielleicht etwas Energie einsetzen, um Ihre Vorgesetzten dazu zu bringen, die Früchte Ihrer Arbeit zu essen. Nehmen Sie sich die Zeit – das ist ein wesentlicher Teil des Prozesses.

Information, nicht Bestätigung

Bevor Sie an die Front gehen, sollten Sie sich eine Frage stellen: Will ich Information oder Bestätigung?

Allzuviele Absatzfachleute verlassen niemals den Elfenbeinturm. Sie tun so, aber sie suchen nach Tatsachen, die bestätigen, was ihrer vorgefaßten Meinung nach getan werden sollte.

In gewisser Weise sind wir alle Opfer unser eigenen Rhetorik. Wir predigen die Philosophie, daß Manager entscheidungsfreudig sein sollten. Also sind wir entscheidungsfreudig, selbst bevor wir genug Information haben, die als Basis der Entscheidung dienen kann.

Lassen Sie Ihre Entscheidungsfreudigkeit im Büro zurück, wenn Sie an die Front gehen. Sie brauchen nur ein scharfes Auge zum Beobachten und einen unvoreingenommenen Geist. Das scharfe Auge ist fakultativ, der unvoreingenommene Geist nicht.

Ihre Entscheidungsfreudigkeit brauchen Sie allerdings dazu, überhaupt erst an die Front zu gehen. Viele Manager schieben es auf, ›selbst nachzusehen‹, weil sie Wichtigeres zu tun haben.

Nichts ist wichtiger, als den Schauplatz zu besuchen. Wenn Sie das aufschieben, bis Sie Zeit dazu haben, werden Sie feststellen, daß es zu spät ist. Sie haben sich aufgrund der Information aus zweiter Hand, die sich bei Ihnen eingeschlichen hat, schon entschieden. Sie werden letztlich an die Front gehen, um Bestätigung zu suchen, nicht Information. Dann gehen Sie lieber gar nicht.

Beobachten, nicht beurteilen

Wenn Sie ankommen, haben Ihre Probleme erst begonnen.

Beobachten ist keine leichte Sache. Menschen urteilen rasch. Meistens ist rasches Reagieren ein Vorteil. Aber nicht, wenn Sie an die Front gehen.

Sie müssen sich selbst erlauben, die Dinge zu sehen, ohne sie sofort zu beurteilen. Respektieren Sie die Tatsachen, obwohl Sie vielleicht das Gegenteil von dem sind, was Sie erwartet haben. Die Tatsachen niederzuschreiben hilft gegen Voreingenommenheit. Dann lesen Sie später Ihre Notizen. Eine Idee, die Sie zunächst als unwichtig zurückgewiesen haben, könnte plötzlich die wichtigste Idee der Welt werden.

Wo ist die Front?

Die Front einer Marketing-Kampagne ist nicht dort, wo Sie sie vielleicht erwarten.

Sie ist nicht der Supermarkt, die Drogerie oder das Kundendienstbüro. Die Front ist die Wahrnehmung des Käufers. Versetzen Sie sich in seine Lage und erforschen Sie, was Kunden und potentielle Kunden eventuell denken (um ein guter Fischer zu werden, muß man denken wie ein Fisch).

In dem Kinofilm *Big* hat Tom Hanks den Körper eines Mannes, aber den Geist eines Dreizehnjährigen. Natürlich macht ihn der Präsident einer Spielzeugfirma sofort zum Vizepräsidenten.

Die Front kann bei Ihnen zu Hause sein, wenn Sie beobachten, wie Ihr Ehepartner entscheidet, welche Marke er oder sie kauft und welche nicht.

Fragen Sie, warum. Fragen Sie, warum er oder sie sich für Zahnpasta oder Shampoo einer bestimmten Marke entschieden hat. Und beschränken Sie Ihre Fragen nicht nur auf die Kategorie Ihrer eigenen Produkte. Ein guter Marketing-Mann oder eine gute Marketing-Frau ist jemand, der eine Nase für eine Vielzahl von Marketing-Schlachten hat, nicht nur für seine eigene. Wenn Sie nicht eine Vielzahl von Marketing-Schlachten erforschen, bekommen Sie leicht das Gefühl, daß jeder Mensch auf der Welt seine Zeit damit verbringt, die Marken in Ihrer Produktkategorie zu bewerten.

Der erste Eindruck zählt

Mißtrauen Sie Ihrem ersten Eindruck nicht. Die Verbraucher kaufen nach ihrem ersten Eindruck.

Kämpfen Sie nicht dagegen an, sich dumm zu fühlen. In mancherlei Hinsicht können die scheinbar naivsten Fragen sich als die tiefschürfendsten erweisen.

Der schlimmste aller Fehler ist, zuviel Gepäck an die Front mitzunehmen. Wenn Sie sich mit den Fakten Ihrer eigenen Ware, Dienstleistung oder Firma abschleppen, können Sie sich unmöglich in den Verbraucher hineinversetzen. Im Idealfall geht man an die Front, wenn man fast nichts über die Ware oder Dienstleistung weiß. Auf diese Weise kann man die Situation objektiv bewerten.

Das ist schwer. Amerikanische Firmen legen kein besonderes Gewicht auf den Besuch an der Front. Sie legen Gewicht auf das ›Briefing‹, das im voraus stattfindet. Aufgabe des oder der ›Briefenden‹ ist es, Sie zu überzeugen, daß er oder sie bereits alles erdenklich Mögliche über die Situation weiß. Sie, der oder die ›Gebriefte‹, müssen alles cum grano salis nehmen, bis Sie es sich selbst ansehen können.

Was suchen Sie?

Sie suchen einen Denkansatz. Eine Tatsache, Idee, Vorstellung, Meinung auf seiten des Verbrauchers, die im Widerspruch zu den Positionen steht, die Ihre Konkurrenten besetzt halten.

Nehmen wir zum Beispiel Waschmittel. Was suggeriert Waschmittelwerbung, das die Kunden suchen?

Sauberkeit. Darum macht ›Tide‹ Wäsche ›weiß‹. ›Cheer‹ macht Wäsche ›weißer als weiß‹. Und ›Bold‹ geht sogar bis ›strahlend‹. Haben Sie je zugesehen, wie jemand Wäsche aus dem Trockner nahm? Den Anzeigen nach könnte man denken, er oder sie müßte eine Sonnenbrille aufsetzen, damit das blendende Weiß nicht die Augen ruiniert.

Die meisten Menschen sehen die Wäsche kaum an. Aber sie schnuppern fast immer daran, um festzustellen, ob sie ›frisch‹ riecht.

Diese Beobachtung veranlaßte Unilever, ›Surf‹ einzuführen – ein Waschmittel, dessen einziges unterscheidendes Merkmal darin besteht, daß es doppelt soviel Parfum enthält wie die Konkurrenz. Ergebnis: Surf schnappte sich 12 % des 3,5 Milliarden Dollar großen amerikanischen Waschmittelmarktes.

Haben Sie je zugesehen, wie ein Pendler eine Tasse Kaffee kaufte, um sie mit in den Zug oder Bus zu nehmen?

Oft reißt er oder sie vorsichtig ein Trinkloch in den Deckel, damit der Kaffee während der Fahrt nicht überschwappt.

Jemand in der Abteilung Handi-Kup bei Dixie Products bemerkte das. Handi-Kup führte einen Plastikdeckel mit eingebautem Trinkloch ein.

Manche Denkansätze sind schwer zu erkennen, weil die Kunden sie negativ äußern. Die Adolph Coors Company erfand leichtes Bier (noch heute hat ein normales Coors weniger Kalorien als ein Michelob Light). Doch Coors ignorierte seine eigene Erfindung, bis Miller ›Lite‹ einführte.

Sie war schwer zu ignorieren. Bevor ›Lite‹ das Licht der Welt erblickte, hätte einem jeder Barkeeper in Denver sagen können, wie seine Gäste ein Coors bestellten:

»Ich möchte ein Colorado Kool-Aid.«

Coors hätte sich die Kategorie ›leicht‹ mit einem größeren Werbeprogramm sichern können. Das wurde nicht getan. Miller tat es. Und so verkauft Miller Lite sich heute besser als Coors und Coors Light zusammen.

Die meisten Denkansätze sind schwer zu erkennen, weil sie fast nie im voraus wie große Gewinner aussehen (wenn sie das täten, würden andere sie schon nutzen). Marketing-Bomben platzen sehr leise.

»Große Ideen«, sagte Albert Camus, »kommen sanft wie Tauben in die Welt. Vielleicht hören wir dann, wenn wir aufmerksam lauschen, inmitten des Getöses von Reichen und Nationen ein schwaches Flügelschlagen, die sanfte Regung von Leben und Hoffnung.«

Als Sie Ihre erste Flasche Lite sahen – haben Sie da gesagt: »Diese Marke wird nach Budweiser das meistverkaufte Bier in Amerika werden«? Oder haben Sie gesagt: »Hier ist wieder ein anderes Gablinger«?

Als Sie den ersten ›Toys Я Us‹-Laden sahen, haben Sie da gesagt: »Dies wird ein Geschäft mit drei Milliarden Dollar Umsatz werden, das ein Viertel aller Spielsachen in Amerika verkauft«? Oder haben Sie sich gefragt: »Warum haben die das R falschrum gesetzt?«

Haben Sie 1955 eine McDonald-Konzession gekauft, als sie Sie volle 950 Dollar gekostet hätte? Oder haben Sie abgewartet und sich gesagt: »Wie können die verdienen, wenn sie Hamburger für 15 Cents verkaufen?«

Haben Sie 1958 Xerox-Aktien gekauft? 1968 Andy Warhols Suppendosen? 1973 einen BMW? 1979 eine Eigentumswohnung in Manhattan?

Haben Sie 1987 japanische Yen gekauft? Oder 1986? Oder in einem früheren Jahr?

Haben Sie Ihre Fußball-Karten aufgehoben? Oder Ihre Superman-Comicbücher?

Chancen sind schwer zu entdecken, weil sie nicht wie Chancen aussehen. Sie sehen aus wie Denkansätze. Ein leichteres Bier, ein teureres Auto, ein billigerer Hamburger, ein Geschäft, das nur Spielzeug verkauft.

Sie müssen diesen Denkansatz, diese Taktik nehmen und in eine Strategie einbauen, bevor Sie seine Kraft entfesseln können.

Firmenchefs neigen zum Realitätsverlust

Je größer das Unternehmen, desto wahrscheinlicher ist es, daß der Präsident den Kontakt zum Markt verloren hat. Dies könnte der wichtigste wachstumshemmende Faktor für ein Unternehmen sein.

Alle anderen Faktoren sprechen für Größe, weil Größe auch Stärke bedeutet. Aber die größere Firma gibt diesen Vorteil teilweise wieder auf, wenn sie sich nicht auf die Marketing-Schlacht konzentriert, die im Denken des Kunden geschlagen wird.

Die Schießerei bei General Motors zwischen Roger Smith und Ross Perot veranschaulicht dies. Als Ross Perot im GM-Vorstand war, verbrachte er seine Wochenenden mit Autokäufen. Er kritisierte Roger Smith, weil dieser nicht dasselbe tat.

»Wir müssen das GM-System atomar vernichten«, sagte Perot. Er war dafür, auf die geheizten Garagen, Limousinen mit Chauffeur und Chef-Speisezimmer Atombomben zu werfen.

Limousinen mit Chauffeur für eine Firma, die Autos verkaufen will? Die Entfremdung des Top-Managements vom Markt ist das größte Problem der großen Unternehmen.

Wenn Sie ein vielbeschäftigter Firmenchef sind, wie sammeln Sie dann objektive Information darüber, was wirklich los ist? Wie umgehen Sie den Hang des mittleren Managements, Ihnen zu sagen, was Sie seiner Meinung nach hören wollen? Wie kommt man an die schlechten Nachrichten ebenso heran wie an die guten?

Eine Möglichkeit ist, ›inkognito‹ oder unangemeldet zu gehen. Das wäre auf der Ebene der Händler und Einzelhändler besonders nützlich. In mancherlei Weise ist das eine Analogie zu dem König, der sich als gemeiner Mann verkleidet und sich unter seine Untertanen mischt. Grund: Um ehrliche Ansichten darüber zu hören, was los ist.

Wie Könige bekommen Firmenchefs selten ehrliche Ansichten von ihren Ministern. Es gibt einfach zuviele Intrigen am Hof.

Die Verkäufer sind hier von entscheidender Bedeutung. Wie bekommt man eine gute, ehrliche Bewertung der Konkurrenz von ihnen? Am Besten durch Lob für ehrliche Information. Spricht es sich einmal herum, daß ein Chef Ehrlichkeit und Realitätssinn schätzt, könnte eine Menge guter Information kommen.

Ein weiterer Aspekt des Problems ist die Einteilung Ihrer Zeit. Recht oft ist sie von zu vielen Aktivitäten besetzt, die Sie davon abhalten, an die Front zu gehen. Zu viele Vorstandssitzungen, zu viele Kommitees, zu viele Festbankette. Einer Erhebung zufolge verbringen die durchschnittliche Firmenchefin und der durchschnittliche Firmenchef 30 % ihrer Zeit mit ›Terminen außer Haus‹. Sie oder er verbringt 17 Wochenstunden mit Konferenzen und 6 Wochenstunden mit der Vorbereitung von Konferenzen. Da die durchschnittliche Führungskraft 61 Wochenstunden arbeitet, bleiben nur noch 21 Stunden für alles andere, einschließlich der Leitung der Firma und des Besuches der Front.

Kein Wunder, daß Firmenchefs die Marketing-Funktion delegieren. Das ist ein Fehler.

Marketing ist zu wichtig, um den niederen Chargen

überlassen zu werden. Wenn Sie schon delegieren, dann lieber den Vorsitz über den nächsten Wohltätigkeitsausflug (wie Sie vielleicht bemerkt haben, wohnt der Vizepräsident der Vereinigten Staaten Staatsbegräbnissen bei, nicht der Präsident).

Das nächste, was gekürzt werden muß, sind die Konferenzen. Statt die Dinge zu besprechen, sollten Sie hinausgehen und sie sich selbst ansehen. Wie Generalsekretär Gorbatschow dem früheren Präsidenten Reagan bei dessen erstem Besuch in der ehemaligen Sowjetunion sagte: »Einmal sehen ist besser als hundertmal hören.«

»Der Teufel steckt im Detail«

Wie sollte ein Firmenchef vorgehen? Andrew Grove von Intel hat es am besten ausgedrückt. »Es gibt eine Tendenz im gehobenen und mittleren Management, zu global und zu oberflächlich zu sein. Es gibt ein Sprichwort: ›Der Teufel steckt im Detail.‹ Man kann glänzende globale Strategien formulieren, deren Durchführbarkeit gleich Null ist. Nur durch die Vertrautheit mit Details – mit den Fähigkeiten der Leute, die sie umsetzen sollen, mit dem Markt, mit dem Timing – kommt eine gute Strategie zustande.«

Grove faßt seine Auffassung in einem Satz zusammen: »Ich arbeite gern nach oben, von Details zu großen Bildern.«

Amen. Das ist der Kern des Bottom-up-Marketing.

Wie Sie vielleicht bemerkt haben, geht es Intel ausgezeichnet, während General Motors schnell absackt.

Der Teufel steckt im Detail. Und dort findet man auch die Taktik, die man zu einer glänzenden Strategie machen kann.

In einem schmierigen Motel an der Straße bei Washington, D. C. kam Kemmons Wilson auf das Konzept für Holiday Inn. Das Motel kostete nicht nur 6 Dollar für Wilson und seine Frau, sondern auch noch 2 Dollar für jedes ihrer fünf Kinder. Gangster, dachte Wilson.

Wilson kam mit dem festen Vorsatz nach Memphis

zurück, ein Motel für Familien zu bauen, wo Kinder gratis übernachten konnten. Im folgenden Jahr eröffnete er das erste Holiday Inn.

Man muß nicht verreisen, um einen Denkansatz zu finden. Jim Dyer erfand den äußerst erfolgreichen *Pocket Organizer* aufgrund seiner eigenen Methode, Notizen zu organisieren.

Richard James ließ aus Versehen eine Spannungsfeder auf den Boden fallen, und sie ›lief‹. Fast 50 Jahre später ist der Slinky noch immer ein Lieblingsspielzeug für Kinder und Erwachsene.

Mary Phelps Jacobs war erst 19, als sie ihrem Dienstmädchen auftrug, aus zwei Spitzentaschentüchern und einem rosa Band ein Wäschestück zu machen. Sie nannte ihre Erfindung Büstenhalter, ließ sie patentieren und verkaufte ihr Patent später für 15 000 Dollar an die Warners Brothers Corset Company.

Kleine Firmen haben einen Vorteil

Sophia Collier war 21, als sie 1977 Soho Natural Soda lancierte. Heute ist ihre Firma auf dem besten Wege, einen Umsatz über 100 Millionen Dollar zu erreichen.

Frau Collier ist Vegetarierin und hat einmal in einem Hopi-Indianerreservat gelebt; offensichtlich hat sie das Konzept für Soho aus ihrem eigenen Lebensstil entwickelt. Zuerst glaubten die Händler, mit denen sie arbeiten mußte, nicht an einen Markt für das Produkt. »Natürliches Soda«, sagten sie, »ist das nicht ein Selbstwiderspruch?«

Das ist es in der Tat. Aber darin liegt der wettbewerbsorientierte Denkansatz, den Sophia Collier und ihre Partnerin Connie Best glänzend genutzt haben.

Reese Jones betrieb eine Macintosh-Anwendergruppe von zu Hause aus; da wollte die Gruppe einen Computerdrucker in einem anderen Teil des Hauses mitbenutzen. Statt teure Kabel verlegen zu lassen, benutzte Jones den Wechselstromkreis des Telefons und erfand dabei noch einen Anschlußstecker. Heute verkauft seine Firma (Farallon) monatlich PhoneNet-Anschlußstecker für mehr als eine Million Dollar.

Kleine Firmen sind in ihrem Denken dem Markt näher als große. Das könnte ein Grund dafür sein, daß sie schneller wachsen.

Entscheidend für das Wachstum ist die Personalpolitik. In den vergangenen sechs Jahren gingen die Arbeitsplätze bei Firmen mit 1000 oder mehr Beschäftigten um 9 % zurück. Im gleichen Zeitraum stieg die Beschäftigung bei Firmen mit unter 100 Arbeitnehmern um 17 %.

Große Firmen haben Schwierigkeiten, an die Front zu gehen. Der Angriff der Leichten Brigade wurde von einem Offizier befohlen, der nicht an Ort und Stelle war und das Gelände nicht sah.

T. K. Quinn, einstiger Präsident von General Electric Credit, sagte einmal: »Kein einziges eindeutig neues elektrisches Haushaltsgerät ist je von einem der Riesenkonzerne geschaffen worden – nicht die erste Waschmaschine, der erste Elektroherd, Wäschetrockner, Bügeleisen, Bügelautomat, elektrische Lampe, Kühlschrank, Radio, Toaster, Ventilator, Heizdecke, Rasierapparat, Rasenmäher, Tiefkühlgerät, Klimaanlage, Staubsauger, Spülmaschine oder Grill.«

Nicht Xerox hat die Xerokopie erfunden. Es war Chester Carlson. Nicht IBM hat den ersten Computer gebaut. Es waren John Mauchly und J. Presper Eckert.

Die Probleme des Firmenchefs

Wenn Sie Chef oder Chefin einer Firma sind, haben Sie einen großen Vorteil bei der Entwicklung der Strategie: Sie können das Programm absegnen, und dann läuft es.

Leider ist der Chef meist derjenige, der am wenigsten Ahnung vom Markt hat (man wird nicht Chef, indem man es dem Kunden rechtmacht. Man wird Chef, indem man es dem früheren Chef rechtmacht, der gewöhnlich noch weniger Ahnung hat als man selbst).

Ein Problem ist die Menge der Management-Schichten

zwischen Spitze und Basis. Je mehr Schichten, desto mehr sind Sie vom Markt isoliert. Der dicke, weiße Zuckerguß oben auf vielen Unternehmen ist immer weiter von den klitschigen Realitäten am Boden des Kuchens entfernt.

Die Schichten filtern die schlechten Nachrichten heraus und geben nur die guten weiter. Wenn etwas danebengeht, erfährt der Chef es oft zuletzt.

Die Zahl der Schichten zu verringern, ist eine Möglichkeit, als Chef oder Chefin psychologisch näher an die Front zu kommen. Eine Studie über 60 Firmen ergab, daß diejenigen mit den besten Leistungen weniger als vier Management-Schichten hatten; schlechte hatten an die acht.

Gleich, wie viele Schichten das Unternehmen hat – es ist die Firma selbst, die es einem Chef erschwert, an die Front zu gehen. Die meisten Besuche auf dem Schlachtfeld werden von niederen Chargen zu einer zeremoniellen ›Großen Rundreise‹ umfunktioniert. Alles wird saubergemacht und sorgsam arrangiert, damit es gut aussieht.

Ihnen wird suggeriert, Ihren Besuch als Reise zur moralischen Unterstützung anzusehen, nicht als Informationsreise. »Bringen Sie ein paar Sonnenstrahlen in die Gräben«, sagt Ihr Reiseführer.

Dann ist da der Firmen-Hofstaat. Manche Chefs meinen, sie könnten nicht ohne Chauffeur, Leibwächter, Kammerdiener, Assistent, Sekretär, Ghostwriter, Vorhut, Küchenchef, Friseur etc. pp. reisen. Eine Idee hat es schwer, diese schützende Phalanx zu durchbrechen.

Manche Chefs machen besondere Anstrengungen, um den Dingen auf den Grund zu kommen. »Als wir in die Biotechnologie einstiegen«, sagte Richard J. Mahoney von Monsanto einmal, »stellte ich fest, daß ich Sachen absegnete, die ich nicht verstand; deshalb nahm ich eine Reihe Nachhilfestunden, ging ins Labor, zog einen Kittel über und machte die Tests selber.«

Der Politologe Richard E. Neustadt von Harvard hat bemerkt, daß eine erfolgreiche Führungskraft in der Wirtschaft ebenso wie in der Politik aktiv Information suchen muß. »Nicht Information allgemeiner Art hilft einem Präsidenten, persönliche Interessen zu erkennen«, schreibt Neustadt. »Die kleinen Stückchen der konkreten Details, zusammengesetzt in seinem Kopf, beleuchten den Hintergrund der Fragen, die sich ihm stellen. Um sich selbst zu helfen, muß er seine Hände so weit wie möglich nach jedem bißchen Fakten, Meinung, Klatsch ausstrecken, das seine eigenen Interessen und Beziehungen als Präsident betrifft.«

Die Probleme des Firmenneulings

Am Boden des Firmenkuchens sitzt der Firmenneuling.

Wenn Sie das neueste, jüngste, unerfahrenste Mitglied des Teams sind, haben Sie einen enormen Vorteil. Sie sind an der Front, oft zum Überdruß mit eben dem Detailwissen gesättigt, um das die Chefs alles geben würden.

Was für eine Chance! Und doch werfen so viele junge Leute diese Chance weg, indem sie nach innen statt nach außen schauen. Sie konzentrieren ihre Aufmerksamkeit darauf, was innerhalb der Firma geschieht, statt was draußen geschieht, bei den Kunden und potentiellen Kunden. Sie sagen ihren Managern, was sie hören wollen, statt was sie wissen sollten.

In alledem steckt eine gewisse Folgerichtigkeit. Man wird nicht befördert, wenn man seinem Chef oder seiner Chefin sagt, er oder sie sei im Irrtum. Man wird befördert, indem man seinem Vorgesetzten schmeichelt. (»Er ist ein cleverer Junge. Er denkt genauso wie ich.«)

Wenn Sie, lieber Leser, liebe Leserin, in Ihrer ersten Stellung sind, dann sollten Sie lernen, das Kind bei seinem Namen zu nennen. Nicht etwa, fügen wir eiligst hinzu, Ihre Ansichten auszudrücken, sondern die Realitäten der Schlachten zu berichten, die auf dem Markt geschlagen werden. Nur wenn Sie lernen, ein genauer Beobachter des taktischen Geschehens zu werden, können Sie die Marketing-Fähigkeiten entwickeln, die später zu strategischer Brillanz führen werden.

Allzuviele Anfänger wollen oben anfangen. Darum arbeiten so viele frisch diplomierte Betriebswirte schließlich für Beratungsfirmen.

Aber langsam kommen die Firmen dahinter. »Junge Berater ohne Praxiserfahrung sind m. E. nicht glaubwürdig«, sagte Frank Perdue einmal. »Die Leute müssen begreifen, daß sie nicht alles über alles wissen, und daß es keine Schande ist, unten anzufangen und sich hochzuarbeiten.«

Oder wie Harry Truman sagte: »Die einzigen Dinge, die es zu lernen lohnt, sind die Dinge, die man lernt, wenn man alles weiß.«

Die Probleme in der Mitte

Die eigentliche Bewegung findet bei den meisten Firmen in der Mitte statt. Das Top-Management gibt die Strategie vor, aber das mittlere Management muß die Firmenstrategie in Taktik umsetzen. Die Leute in der Mitte haben oft keine Ahnung vom Markt. Sie haben keine Zeit, an die Front zu gehen. Sie müssen an zu vielen Konferenzen teilnehmen, zu viele Planungsdokumente schreiben, zu viel Papierkrieg bewältigen (wenn man in der Familie vorginge wie im Geschäft, würden die Kinder ihr Taschengeld erst bekommen, wenn sie für die vorige Woche ihre Ausgaben abgerechnet hätten).

Der Planungsprozeß trägt in den meisten Firmen zur Isolation des mittleren Managements bei. Viele Manager sind notgedrungen zu beschäftigt damit, das Planungsdokument zu schreiben, das eigentlich auf ihren Reisen zu den Schlachtfeldern beruhen sollte.

Wenn sie doch einmal auf die Realität stoßen, oft durch Zufall, stellen sie manchmal zu ihrem Entsetzen fest, daß ihre Pläne auf Mythen statt Fakten beruhen.

Ein Beispiel ist der Boom bei Finanzierungsgesellschaften. Jedermann verkauft Finanzierungen, wirbt für sie und vermarktet sie. Börsenmakler verkaufen keine Aktien mehr. Sie verkaufen Finanzierungen: Annuitäten, Investments, Kommunalobligationen. Lebensversicherer verkaufen Ihnen nicht mehr nur Lebens- und Sachversicherungen. Um aus einer Traveler's-Anzeige zu zitieren: Sie verkaufen ›diversifizierte Finanzierungen‹, darunter Hypothekenfinanzierungen, Programme zur Altersversorgung und Investments.

Handelsbanken wollen Ihr Partner fürs Leben sein, mit Kreditkarten, Versicherung, mit allem und jedem (eröffnen Sie ein Konto bei der Citibank oder Chase, und Ihr Briefkasten wird jeden Tag voll sein. Sie werden Angebote für Finanzierungen finden, deren Existenz Sie sich nicht einmal vorstellen können).

Gehen Sie an die Frontlinien des Finanzierungskrieges, und hören Sie Kunden und potentiellen Kunden zu. Haben Sie je einen Kunden gehört, der das Wort ›Finanzierung‹ gebrauchte? Etwa: »Gehen wir mal zur Sparkasse, Liebling, und machen eine Finanzierung.«

Kunden generalisieren nicht; sie *spezifizieren*. Sie sprechen über Hypotheken, Aktien, Kfz-Darlehen, Staatspapiere, Bauspardarlehen. Trotzdem tun die Firmen, die diese Kunden gewinnen wollen, genau das Gegenteil. Sie werben für sich als Beschaffer der kompletten Bandbreite aller Finanzierungen. In der militärischen Analogie nennen wir das ›auf breiter Front angreifen‹. Und es funktioniert so gut wie nie.

Die Probleme des Unternehmers

Mit einem Wort: Geld. In jeder anderen Hinsicht hat eine Handvoll hoffnungsvoller Unternehmer einen großen Vorteil über Millionen von Konzernmanagern.

Unternehmer sind unten an der Front. Ihre Ideen und Vorstellungen kommen oft aus ihrer eigenen, persönlichen Erfahrung. Sie haben die Macht, Entscheidungen zu treffen, denn sie brauchen nicht die Zustimmung anderer Leute einzuholen. Infolgedessen ist die große Mehrheit der großen Absatzerfolge aus den Reihen der Unternehmer gekommen.

Geld ist allerdings ein bedeutendes Hindernis auf dem Weg zum Erfolg. Was viele Unternehmer bremst, ist nicht Mangel an Ideen, sondern Mangel an Risikokapital. In vielen Branchen kostet der Einstieg heute von einer Million

Dollar an aufwärts. Federal Express hat über 80 Millionen Dollar Fremdgeld aufgesaugt, bevor es begann, Gewinn zu machen. Und Fred Smith hat etliche Millionen eigenes Geld hineingebuttert, um die Maschinen am Laufen zu halten.

Kein leichter Weg

Ob Sie selbständig sind oder Manager, Managerin eines Unternehmens, ob Sie für eine kleine oder große Firma arbeiten, ob Sie an der Spitze, der Basis oder irgendwo in der Mitte der Organisation sind – Bottom-up-Marketing ist nicht leicht zu praktizieren.

Sie haben jedoch enorme Chancen, wenn Sie willens sind, den Kampf auf sich zu nehmen. So wenige tun es.

Die meisten Manager sind oben und schauen herab, gewappnet mit den Aufgabenbeschreibungen und Fünfjahresplänen ihres Unternehmens.

Sie sind leichte Beute für Bottom-up-Denker.

Kapitel 3

Die Trends im Auge behalten

Wie sich die Dinge in 30 Jahren verändert haben.

Einer der langlebigsten Mythen im Marketing ist die Idee des Wandels. Wie haben sich die Dinge in den letzten drei Jahrzehnten verändert?

Schauen wir uns diese dramatischen Veränderungen im Alltag eines der Autoren an.

Ein Tag im Leben

Heute morgen klingelte der Wecker, und ich stand auf. Ich duschte und rasierte mich, zog mich an, frühstückte und fuhr zum Bahnhof.

Vor 30 Jahren habe ich genau das Gleiche getan.

Vielleicht sehen wir die dramatischen Unterschiede, wenn wir etwas genauer hinsehen. Vielleicht war es die Seife, mit der ich duschte? Fehlanzeige – es war beide Male Ivory.

Große Veränderung hingegen beim Shampoo. Früher nahm ich Prell. Jetzt nehme ich etwas, das Style Shampoo heißt (aber meine Tochter nimmt Prell).

Gehen wir von der Dusche zum Waschbecken. Welch ein Unterschied. Mein Atra hat zwei Klingen statt der einen in dem Gillette-Rasierer, den ich früher benutzte. Mein Deodorant ist jetzt ein Antiperspirant. Meine Zahncreme ist Crest statt Colgate (in den sechziger Jahren habe ich aufgrund des Stempels vom amerikanischen Zahnärzteverband gewechselt).

Aber wenn ich mich anziehe, bemerke ich die dramatischen Unterschiede erst richtig. Aus irgendeinem Grund trage ich kein Unterhemd mehr (vielleicht ist es ein Trend zur Einfachheit). Meine Schuhe haben keine Schnürbänder, meine Hosen keine Aufschläge, und ich trage keine Krawattennadel. Um den Trend zur Einfachheit auszugleichen, stecke ich ein Taschentuch in die Tasche und eine Kragennadel an mein Hemd. Meine Armbanduhr bekommt ihre Energie von einer Batterie statt von meinen Armbewegungen. Meine Brieftasche stecke ich in die Jackettasche statt in die Hosentasche.

Zum Frühstück habe ich Orangensaft getrunken und Müsli gegessen, genau wie vor 30 Jahren. Ich habe auch Kaffee getrunken, aber ohne die Sahne, ohne den Zucker und ohne das Koffein.

Dann fahre ich zum Bahnhof, in einem Auto mit Verbrennungsmotor. Heute hat er aber acht Zylinder statt sechs und fährt mit bleifreiem Benzin.

Im Büro habe ich immer noch Konferenzen wie früher und schreibe Briefe wie früher mit der Hand, statt zu diktieren. Meine Sekretärin tippt die Briefe auf einer Maschine, die immer noch wie eine Schreibmaschine aussieht, aber tatsächlich ein Computer ist.

Mein Telefon ist allerdings ganz anders. Damals war es schwarz; jetzt ist es weiß.

Nach der Arbeit komme ich heim und tue das Gleiche wie vor 30 Jahren: Ich sehe fern und denke darüber nach, wie sehr mein Leben sich verändert hat.

Sollte ich die beiden wichtigsten und dramatischsten Veränderungen in 30 Lebensjahren nennen, so müßten das die beiden Klingen in meinem Rasierapparat und das bleifreie Benzin in meinem Auto sein.

Ich kann kaum die unglaublichen Veränderungen erwarten, die in den nächsten Jahrzehnten kommen werden. Drei Klingen in meinem Rasierapparat? Alkohol statt Benzin in meinem Tank?

Geschrei contra Wirklichkeit

Wenn Sie Ihre Tageszeitung oder Ihr politisches Magazin lesen, bekommen Sie ein ganz anderes Bild von der Wirklichkeit. Jeden Tag vollziehen sich unglaubliche, welterschütternde Veränderungen.

»Die Achtziger sind vorüber. Habgier kommt aus der Mode«, hieß es kürzlich in der Titelgeschichte von *Newsweek.*

Habgier kommt aus der Mode? Einfach so? Man muß es schon glauben, denn schließlich stand es in *Newsweek:* »Jahrzehnte sind keine Funktion der Kalenderzeit. Sie sind Trends, Werte und Assoziationen, gebündelt und zusammengebunden im Gedächtnis der Nation. Sie beginnen und enden mitten in der Nacht, irgendwann, wenn gerade keiner hinschaut.«

Hat Charles Lazarus, der 1987 als Chef von ›Toys Я Us‹ 60 Millionen Dollar verdient hat, 1988 eine Arbeit für das Peace Corps in Südamerika angenommen? Wohl kaum.

»Hey, Bruder, Friede sei mit dir.« Ist das die Art, wie man sich jetzt auf der Wall Street grüßt? Hat sich irgend etwas wirklich geändert, wie *Newsweek* schrieb?

Wenn Sie anfangen, die Trends im Auge zu behalten, sollten Sie daran denken, daß die meisten Trends künstlich erzeugt werden, um Zeitungen und Zeitschriften zu verkaufen, nicht, um Ihnen zu helfen, Ihre Produkte zu verkaufen.

Trotzdem neigen Absatzfachleute dazu, dem Geschrei statt der Wirklichkeit zu glauben. »Die Konsumgüter-Absatz-Gleichung verändert sich ständig, tiefgreifend und unumkehrbar«, sagte ein Management-Guru. »Deshalb ist eine grundlegend gewandelte Einstellung vonnöten: nicht mehr Geschäfte managen, sondern Veränderungen managen.«

Wo sind all diese Veränderungen? Was ist aus der papierlosen, bargeldlosen, schecklosen Gesellschaft geworden?

Was ist aus der Dritten Welle, dem Megatrend, der Zweiten Industriellen Revolution, der Informationsgesellschaft geworden, wo alle zu Hause vor einem Computer oder

Bildtelefon arbeiten? Überhaupt, was ist aus dem Bildtelefon geworden?

Haben Sie Ihren Helikopter schon? Wo ist das Wunderding, das Ihr Auto ersetzen und die Super-Autobahn überflüssig machen sollte? Bekommen Sie Ihre elektronische Zeitung täglich auf dem Fernsehschirm geliefert, wie vor zwei Jahrzehnten verheißen wurde?

Die Wirklichkeit scheint dem Geschrei immer hinterherzuhinken. Die Zukunft scheint immer direkt hinter dem nächsten Hügel zu liegen.

Was aber geschieht, wenn Sie sich hinsetzen, um eine Absatzplanung zu schreiben? »Alles verändert sich rasch in unserer Branche« ist meist Ihr erster Gedanke.

Wie die Wellen des Meeres ist alles in stetem Wandel. Aber dies sind kurzfristige Veränderungen, die Ihnen den Blick für langfristige Trends verstellen.

Wenn Sie zum Beispiel in der Nahrungsmittelbranche sind, ist das ganze Geschrei auf Huhn und Fisch konzentriert. »Rindfleisch ist tot. Alles ißt Huhn und Fisch.« In Wirklichkeit wird pro Kopf mehr Rindfleisch gegessen als Huhn und Fisch zusammen.

Aber, könnten Sie denken, der Rindfleischverbrauch geht zurück. In Wirklichkeit ist der Pro-Kopf-Verbrauch von Rindfleisch bis 1989 stetig gestiegen. Das ist allerdings nur eine Welle im Meer des Wandels. Was in der Zukunft geschehen könnte, ist eine andere Frage.

Das Büro der Zukunft

In den letzten Jahren ist um keinen Mythos soviel Geschrei gemacht worden. Trotzdem sieht das Büro von heute dem Büro der Vergangenheit wesentlich ähnlicher als dem ›Büro der Zukunft‹.

Heute morgen haben Sie wahrscheinlich eine Tasse Kaffee getrunken, Ihre Post gelesen, ein paar Briefe diktiert, ein paar Anrufe erledigt und einige Papiere aus Ihren Akten genommen. Ihr Kollege in irgendeinem Unternehmen hat wahrscheinlich das Gleiche getan ... vor 50 Jahren.

Was ist bloß aus dem Büro der Zukunft geworden?

Es ist eine Ironie, daß die dramatischste Veränderung in den Prozeduren des heutigen Büros nichts mit Elektronik zu tun hat. Es ist die Einführung von Federal Express, dem Pony-Express des 20. Jahrhunderts.

Was ist bloß aus dem computergesteuerten System der Büroautomation geworden?

Wie so viele überzogene Ideen lauert das ›Büro der Zukunft‹ weiterhin irgendwo da draußen in der Zukunft und scheint der Wirklichkeit nie näherzukommen.

Mythen neigen dazu, Selbstläufer zu werden. Deshalb bedeutet Hinuntergehen an die Front nicht, Ihre Lieblingszeitung oder Wirtschaftszeitschrift zu lesen.

Sobald über eine Idee wie das Büro der Zukunft einmal geschrieben wird, bekommt sie weiterhin eine Presse. Geschrei erzeugt Geschrei.

Was lesen Redakteure und Reporter wohl? Richtig – die Erzeugnisse anderer Redakteure und Reporter. Das ist wesentlich leichter, als eigenes Material herzustellen.

Die Zukunft läßt sich nicht voraussagen

Also verplanen Sie sie nicht.

Kaum hatte *Megatrends* mit seiner Voraussage eines Aufschwungs im Sunbelt (den sonnigen Staaten im Süden der USA, Anm. d. Ü.) die Buchhandlungen erreicht, trat das genaue Gegenteil ein. Der Nordosten hob ab, gegen den Trend, gegen die Voraussagen der ›Experten‹.

Die *Fortune*-Ausgabe vom 26. Oktober 1987 kam am 12. Oktober in die Kioske, mit einem Titelbild von Alan Greenspan, Amerikas Wirtschaftswissenschaftler Nummer eins und Präsidenten des Federal Reserve.

»Warum Greenspan haussiert«, stand auf dem *Fortune*-Titelblatt. Eine Woche später fiel der Dow-Jones-Index um 508 Punkte und verlor dabei 22,6 % seines Wertes. Greenspan ging meilenweit am Schwarzen Montag vorbei.

1927 sagte das Innenministerium voraus, Amerika hätte nur noch für 27 Jahre Erdöl. 51 Jahre später, 1975, stand die Voraussage der US-Regierung bei 12 Jahren. Ist uns 1987 das Öl ausgegangen?

Ein Problem ist, daß kurzfristige Trends selbstregulierend sind, genauso wie der Aktienmarkt. Ein Anstieg im Rindfleischverbrauch führt zu einem Anstieg bei den Rindfleischpreisen, und das führt zu einem Rückgang des Rindfleischverbrauchs.

Ähnlich hat die Nachfrage nach Fernseh-Werbezeit nachgelassen. Es bedürfte keiner großen Preissenkungen bei den Fernsehsendern, um die Nachfrage wieder zu steigern.

Ein verhängnisvoller Fehler

Der verhängnisvolle Fehler vieler Absatzplanungen ist eine Strategie, die auf ›Prognosen‹ beruht.

Selten sind die Vorhersagen als solche offenbar. Gewöhnlich sind sie so tief in den Annahmen verborgen, daß man ein Diplom in Rhetorik braucht, um sie aufzuspüren.

Der verbreitetste Fehler besteht darin, einen Trend zu extrapolieren. Wollte man den Weissagern von vor einigen Jahren glauben, dann würde heute alles gegrillten Fisch oder Mesquite-Barbecue-Hühnchen essen.

Aber Grundgewohnheiten ändern sich sehr langsam, und die Medien spielen kleine Änderungen oft hoch. Deshalb deuten viele Firmen die Situation falsch. Deshalb sind McDonald und Burger King auf den Hühnerwagen aufgesprungen. Deshalb entfernt sich Avon von seinem Konzept ›zu Hause aussuchen‹.

Ebenso schlecht ist die verbreitete Praxis, anzunehmen, die Zukunft werde eine Wiederholung der Vergangenheit sein. Wenn man annimmt, nichts werde sich ändern, sagt man die Zukunft ebenso sicher voraus, wie wenn man annimmt, etwas werde sich ändern. Erinnern Sie sich an Peters Gesetz: »Das Unerwartete geschieht immer.«

Die Slice-Geschichte

Slice ist ein alkoholfreies Brausegetränk, das Pepsi-Cola gleichzeitig als gezuckertes Produkt und als Diätprodukt einführte.

Wir hätten empfohlen, Slice nur als Diätprodukt einzuführen (wegen seiner Süßstoffe im Fruchtsaft hat Diet Slice 28 Kalorien).

Der Grund für diese Empfehlung ist die bessere Positionierung von Slice als Fitneß- und Gesundheitsprodukt. Slice als reines Diätgetränk hätte einen engeren Schwerpunkt dargestellt, und das ist immer eine gute Strategie im Marketing.

Eine auf Diät konzentrierte Strategie hätte auch das Element Zucker ignoriert, das sich auf 80 % des Marktes erstreckt. Aber Slice wurde zweigleisig eingeführt. Es ist erfolgreich, aber unserer Meinung nach nicht so erfolgreich, wie es als reines Diätprodukt gewesen wäre.

Es hat sich herausgestellt, daß das Diät-Segment des Getränkemarktes auf Kosten der gezuckerten Getränke wächst. Zur Zeit sind 27 % aller verkauften Colagetränke Diät-Colas.

Bei Slice verkauft sich die Diätversion, wie erwartet, besser als die gezuckerte Version. Hätte man sich allein auf die Diätversion konzentriert, so hätte das Produkt unserer Einschätzung nach einen noch höheren Marktanteil erreicht. Die Werbung hätte besser auf Fitneß und Gesundheit konzentriert werden können. »Slice setzt die Fruchtsäfte zu und zieht die Kalorien ab«, zum Beispiel.

Einzelne Produkte folgen nicht immer dem Markt. Trotz der Tatsache, daß gezuckerte Produkte 73 % des Colamarktes ausmachen, verkauft sich die Diätversion der koffeinfreien Coca-Cola über viermal so gut wie die gezuckerte Version.

Der Feind ist nicht berechenbar

Generäle, die militärische Pläne darauf aufbauen, daß sie ›wissen‹, was der Feind tun wird, ›berechnen den Feind‹. Eine Art, die Zukunft vorauszusagen. Diese Art Generäle verliert gewöhnlich.

Generäle, die gewinnen, machen eher militärische Pläne, die durchführbar sind, unabhängig davon, was der Feind tut. Das ist das Wesen guter Strategie.

Wenn Sie voraussagen, was der Feind tun wird, kaufen Sie ein Los in einer Lotterie, bei der es um die Zukunft Ihrer Firma geht.

Glücksspiel mag in Las Vegas, Atlantic City oder Wall Street in Ordnung sein. Aber für das Marketing ist es nicht gut genug.

Sie können die Zukunft schaffen

Es gibt auch einen Unterschied zwischen ›die Zukunft voraussagen‹ und ›die Zukunft schaffen‹.

Wenn Sie die Zukunft voraussagen, zählen Sie auf einen Wandel im Verbraucherverhalten, der sich irgendwann in nächster Zukunft vollziehen wird. Sie stehen mit Ihrem Surfbrett da und warten. Wenn Sie die Zukunft schaffen, führen Sie eine Ware oder Dienstleistung ein, deren Erfolg selbst einen Trend setzt. Im Grunde zapfen Sie ein latentes Interesse für eine neue Produktkategorie an. In der militärischen Analogie nennen wir das eine Flankenaktion.

Alle guten Flankenaktionen schaffen ihre eigene Zukunft. Sie hängen nicht von Entwicklungen außerhalb ihres unmittelbaren Bereiches ab.

Orville Redenbacher's Gourmet Popping Corn setzte darauf, daß die Leute für ein Popcorn am oberen Ende der Skala doppelt soviel zahlen würden. Keine schlechte Chance in der heutigen Wohlstandsgesellschaft.

Stouffer's setzte darauf, daß die Leute 3 Dollar für ein Fertiggericht zahlen würden. Das Produkt bekam ein Konzept für 3 Dollar (kalorienarmes Feinschmeckeressen) und einen Namen für 3 Dollar (Lean Cuisine). Stouffer's schuf die Kategorie des tiefgekühlten Feinschmecker-Fertiggerichtes. Lean Cuisine wird jährlich für über 300 Millionen Dollar verkauft.

Trend contra Mode

Es gibt langfristige Trends, die sich sehr von den ständigen kurzfristigen Veränderungen unterscheiden.

Das Zigarettenrauchen ist von 37 % der erwachsenen Bevölkerung 1970 auf 33 % 1980 zurückgegangen (dieser Rückgang von 4 % hat die Tabakindustrie erschüttert).

Langfristige Trends treten sehr langsam ein. Man wacht nicht plötzlich mitten in der Nacht auf und hört auf zu rauchen.

In 25 Jahren ist der Kaffeeverbrauch bei Erwachsenen von 3,1 Tassen pro Tag auf 1,7 Tassen gesunken. Wird er weiter sinken? Da können Sie ziemlich sicher sein. Von den Erwachsenen, die 60 Jahre und älter sind, trinken 79 % Kaffee. Von den Erwachsenen der Altersgruppe 20–29 trinken nur 41 % Kaffee. Der Kaffeekonsum wird weiter sinken.

Wie erkennt man den Unterschied zwischen einer Mode und einem Trend? Zwischen einem Bildtelefon und einem Videorecorder? Zwischen einer Welle und einer Flut?

Es ist nicht einfach. Erstens muß man einen Trend gewöhnlich zehn oder mehr Jahre beobachten. Selbst dann kann man nicht immer sicher sein.

Der Rindfleischverbrauch sank zum Beispiel von 40 kg im Jahre 1975 auf 35 kg im Jahre 1980. Dann begann der Rindfleischkonsum zu steigen.

Gerade als alle dachten, Joggen würde Baseball bei Flutlicht als Amerikas Lieblingssport ersetzen, ging es mit dem Joggen steil bergab. Was kann man also für den jetzigen Nautilus-Wahn voraussagen?

Schwer zu sagen.

Kein Mensch raucht mehr

Eine andere Methode zur Unterscheidung von Trend und Mode ist die Suche nach Ursache und Wirkung. Der Rückgang des Zigarettenrauchens ist kein bloßer Rückgang; er ist auch die Wirkung des generalstabsärztlichen Raucherberichtes von 1964 und der Anti-Raucher-Kampagne, die dieser Bericht auslöste. 1964 rauchte mehr als die Hälfte aller Männer. Heute rauchen weniger als 40 % (bei Frauen fiel der Anteil der Raucherinnen von 33 auf 29 %).

Noch bedeutsamer ist die Tatsache, daß zwei Drittel aller Ärzte, die 1964 rauchten, damit aufgehört haben. Durch ihren Einfluß auf die übrige Bevölkerung werden diese nichtrauchenden Ärzte wahrscheinlich dafür sorgen, daß der Trend anhält.

Selbst die stärksten Trends werden oft übertrieben (zwei Frauen gehen zusammen essen, und die eine sagt zu der anderen: »Kein Mensch raucht mehr.« Sie hat nur teilweise recht. In 25 Jahren ist der Nettoanteil der erwachsenen Raucherinnen nur um 4 % zurückgegangen).

Frauen zuzusehen, wie sie das Rauchen aufgeben, bringt fast genauso viel Action und Aufregung, wie das Gras beim Wachsen zu beobachten.

›Kein Mensch raucht mehr‹ gehört in dieselbe Kategorie wie ›kein Mensch ißt noch Weißbrot‹ (70 % des heute in den USA verkauften Brotes ist Weißbrot). Dennoch gehen Zigarettenrauchen und Weißbrotessen eindeutig zurück. Es ist ein starker Trend. Das bringt uns zu einem weiteren Unterschied zwischen einer Mode und einem Trend.

Trends bedeuten langsame Veränderung

›Alle gehen arbeiten‹ ist noch einer von den Trends, die übertrieben werden. Heute sind etwa 55 % der Frauen mit Kindern unter 6 Jahren berufstätig.

Aber vor 8 Jahren waren ebenfalls 45 % der Frauen in dieser Kategorie berufstätig. So stellt dieser rapide ansteigende Trend (und es ist definitiv ein Trend) etwa 1 % mehr Beschäftigung pro Jahr dar.

»Die Menschen werden älter.« Ja, sie leben länger, und deshalb steigt das Durchschnittsalter der Bevölkerung. Bevor Sie jedoch Ihre Absatzplanung umarbeiten, sollten Sie vielleicht einen Blick auf die Wirklichkeit anstelle des Geschreis werfen. 1950 war das Durchschnittsalter 30 Jahre. Heute ist es um die 32. Die Bevölkerung hat fast 40 Jahre gebraucht, um 2 Jahre zu altern.

Selbst diese Zahlen verbergen eine der periodischen Wellen, die durch die Statistik rauschen. Von 1950 bis 1970 sank das Durchschnittsalter von 30 auf 28 Jahre.

Wir hatten also zwei Jahrzehnte Geschrei »die Menschen werden jünger«, gefolgt von zwei Jahrzehnten Geschrei »die Menschen werden älter«. Das Geschrei hat sich wesentlich mehr verändert als die Bevölkerung.

Ein Trend bedeutet gewöhnlich langsamen Wandel. Eine Modeerscheinung beginnt gewöhnlich viel schneller und endet abrupter.

Der Börsenkrach von 1987 veranschaulicht diesen Unterschied. Hätten Sie am letzten Börsentag 1986 gekauft und am letzten Börsentag 1987 verkauft, wieviel hätten Sie dann verloren? Mit anderen Worten, wie schlimm war das Jahr 1987? Tatsächlich schloß der Dow-Jones-Index 1986 bei 1896 und ein Jahr später bei 1939; Ihre Aktien wären also durchschnittlich nach einem Jahr um 2,3 % höher notiert gewesen. Der Börsenkrach war eine Modeerscheinung inmitten eines langfristigen Trends steigender Aktienpreise.

Daß Digitaluhren eine Modeerscheinung sein würden, war klar, als der Absatz über Nacht explodierte. Daß Weinkühler abkühlen würden, hätte klar sein müssen, als der Absatz zwei Jahre hintereinander explodierte.

Andererseits begann der Absatz von Mikrowellenherden sehr schleppend. Heute hat über die Hälfte aller Haushalte einen Mikrowellenherd, mehr, a̕ls Spülmaschinen haben.

Im Büro ist das Telefaxgerät die Entsprechung. Wie die Mikrowelle lief auch das Fax sehr langsam an. Heute hat das Fax so viel Dampf drauf, daß es langfristig für seine natürliche Konkurrenz, die Post, schwer aufzuhalten ist.

Ein weiterer Unterschied zwischen Moden und Trends ist die Tatsache, daß eine Mode alle Aufmerksamkeit der Medien bekommt. Eine Mode ist mediengerecht, weil sie etwas darstellt, das rasch geschieht. Trends bekommen viel weniger Presse, weil sie langsam gehen.

Man kann baden gehen, wenn man zu schnell auf einen Trend aufspringt. Natürlich wird in den USA nach der Deregulierung mehr geflogen. Deshalb kaufte Braniffs Präsident Harding Lawrence 40 neue Flugzeuge und eröffnete an einem Tag 16 neue Flugrouten. Dadurch wurde aus dem 45-Millionen-Dollar-Nettoeinkommen von 1978 ein 44-Millionen-Dollar-Verlust für 1979, als die Wirtschaft in eine Rezession rutschte und die Treibstoffpreise sich verdoppelten.

Steigende Erwartungen

Es gibt allerdings einen Trend, der den Erfolg von Produkten am oberen Ende der Skala wie Rolex-Uhren und Jaguars weitgehend erklärt. Diesen Trend könnte man den der steigenden Erwartungen nennen.

Vergleichen Sie zum Beispiel das Vierteljahrhundert zwischen 1960 und 1985. Das durchschnittliche Familieneinkommen lag 1960 bei 5620 Dollar. 25 Jahre später lag es bei 27 735 Dollar, fast fünfmal so hoch.

Vielleicht würde man für die 25 Riesen nicht fünfmal so viel Waren und Dienstleistungen bekommen, aber die meisten Menschen fühlten sich wohlhabender, weil sie mehr Geld in der Tasche hatten (es ging ihnen tatsächlich besser. Der Preisindex war 1985 nur 3,6mal so hoch wie der Durchschnitt von 1960).

Die Verbraucher haben nicht nur mehr Dollars in der Tasche, sondern auch mehr Diplome an der Wand. 1960 hatten weniger als 8 % der Erwachsenen ab 25 Jahren eine Hochschulausbildung. 1985 waren es fast 20 %. Wäre ein Harvard-Absolvent mit einem Chevrolet zufrieden? Oder ein Princeton-Absolvent mit einem Plymouth? Her mit den Volvos und BMWs, ob sie sie bezahlen können oder nicht.

Die Rolle der Forschung

Man könnte erwarten, in einer Abhandlung darüber, daß man ›die Trends im Auge behalten‹ soll, müßten wir eine Menge von der Marktforschung halten.

Tun wir nicht.

Die meisten Zahlen, die Sie brauchen, um eine effektive Absatzplanung zu entwickeln, können Sie von Ihrer Stadtbibliothek, der Regierung oder Ihrem liebsten Wirtschaftsblatt bekommen. Das ist Forschung, die Ihnen sagt, was die Leute bereits getan haben.

Wenn Sie mit Forschung herauszufinden versuchen, was die Leute tun werden, dann stoßen Sie auf Schwierigkeiten. Menschen beantworten Fragen oft so, wie es ihrer Einschätzung nach von der Gemeinschaft am besten akzeptiert wird. Dies trifft besonders auf die Befragung bei Zielgruppen zu, wo hinter den von einer Seite durchsichtigen Spiegeln andere Leute zuschauen.

Die Kunst besteht darin, Antworten zu bekommen, die die Leute für sich behalten. Wer mag schon zugeben, daß er Fast food statt Vollwertkost ißt? Wie viele Führungskräfte in der Wirtschaft mögen zugeben, daß sie das Briefeschreiben hassen oder PCs beängstigend finden? Wer gibt schon zu, daß er zuviel telefoniert?

Die Rolle der Umkehrung

Es gibt immer einen Markt für die entgegengesetzte Sicht.

In der amerikanischen Geschichte der letzten 100 Jahre war 1920 die einseitigste Präsidentschaftswahl. Bei dieser Wahl bekam der Republikaner Warren G. Harding 61,6 % der Stimmen, der Demokrat James M. Cox 34,9 % (die restlichen 3,5 % bekam der Sozialist Eugene V. Debs).

Der größte Verlierer einer Präsidentschaftswahl im 20. Jahrhundert konnte sich immerhin mehr als ein Drittel der Stimmen sichern. In vielen Produktkategorien heute hat die führende Marke nicht soviel Marktanteil.

Wie kommt ein Demokrat nach oben? Viele von ihnen durch die Republikaner. Wenn die Arbeitnehmerführer sehen, welche Partei am meisten von den Arbeitgeberführern unterstützt wird – raten Sie mal, welche Partei dann von den Arbeitnehmern gewählt wird.

Wie kommt ein Republikaner nach oben? Hier gilt dasselbe Prinzip.

Weil die meisten Firmen sich beeilen, einer Mode zu folgen, kann man oft ein großer Held werden, wenn man genau das Gegenteil tut.

Beobachtet man die Gewinner und Verlierer in den Marketing-Schlachten, so kann man sehen, daß ein Großteil der erfolgreichen Produkte ursprünglich gegen den Markt ging.

Mit anderen Worten: Wenn alles eine Art Produkt herstellt, sollten Sie versuchen, das Gegenteil herzustellen. Lean Cuisine war ein großer Erfolg; deshalb kehrte die All American Gourmet Company das Konzept einfach um. Ihre preiswerte Budget-Gourmet-Linie hat heute 15 % des Marktes für tiefgekühlte Fertiggerichte.

Importbiere waren auch deshalb in den USA erfolgreich, weil sie, verglichen mit den leichteren amerikanischen, starke Biere waren. Und da kommt Amstel Light und besetzt die entgegengesetzte Position. Wie Budget Gourmet ist Amstel ein großer Erfolg.

Die Geschichte ist voller Geschäfte, die auf ›Dagegenhalten‹ gebaut sind. Als alle mit Großrechnern hinter IBM herliefen, ging DEC mit dem Minicomputer ins Kleine. Dabei wurde Digital Equipment die zweitgrößte Computerfirma der Welt.

Als General Motors groß dachte, dachte VW klein. Gerade um die Zeit, als die Automobilindustrie Cabrios aufgab, brachte Lee Iacocca sie wieder auf.

So geht es. In einer Zeit der Jumbogrößen verspricht die Einzelportion, die heiße neue Nahrungsmittel-Kategorie zu sein. Während die Hamburgerketten größere Restaurants bauen, nehmen ihre Kunden das Essen zunehmend mit.

Die Moral hier ist eindeutig. Lassen Sie sich einfach

einen Weg einfallen, das Gegenteil von dem zu tun, was alle anderen tun, und Sie könnten sich mit einem erfolgreichen, heißen neuen Produkt wiederfinden.

Die Rolle der Realität

Jede Absatzplanung braucht unbedingt eine gesunde Dosis Realitätsnähe. Die Versuchung, ins Blaue hinein abzuheben, ist allerdings manchmal überwältigend.

Die Bemerkungen am Konferenztisch sind wahrscheinlich eher himmelblau als erdbraun. »Alle trinken Perrier.« »Kein Mensch raucht mehr.« »Amerikanische Autos sind tot.« Sie sehen, was gemeint ist.

Erledigen Sie Ihre Denkarbeit nicht am Konferenztisch. Es ist zu leicht, von der Modeerscheinung der Woche in die Irre geführt zu werden.

Steak & Ale, eine von Pillsburys Restaurantketten, glaubte, daß niemand mehr Steak äße. Man denke nur an all die Artikel in der Presse über die Gefahr von zuviel Cholesterin. Deshalb nahm Steak & Ale Shrimps, Fisch und Hühnchen auf die Speisekarte. Der Umsatz stürzte ab.

Also kehrte Steak & Ale geschwind zu seinem ursprünglichen Konzept zurück, aber der Ausflug in die Reformkost hatte ihm den Schwung genommen, und der ist schwer zurückzugewinnen.

Realität ist kein aufregendes Konzept – ein Grund, warum Wirtschaftsfakultäten Realität nicht lehren. Was sie hingegen lehren, ist ›Mit dem Markt gehen‹. Zu neunzig Prozent folgt der Markt einfach der letzten Mode. Nächste Woche wird er wieder anders sein.

Sie können Ihr Firmenschiff steuern, indem Sie versuchen, auf jeder Welle in den einschlägigen Medien mitzureiten. Sie können Ihr Schiff auch steuern, indem Sie versuchen, mit den langfristigen Trends zu gehen.

Zum Unglück für Ihren Planungsprozeß erkennen die Medien den Wert des langfristigen Trends gewöhnlich erst, wenn der Zug für Sie abgefahren ist.

Kapitel 4

Die Kräfte konzentrieren

Sie sind unten an der Front gewesen und haben sich in die Details versenkt. Sie haben die Trends im Auge behalten und auf langfristige Veränderungen geachtet, die Ihre Märkte beeinflussen könnten. Und was tun Sie jetzt?

Sie konzentrieren Ihre Kräfte.

In der ganzen Geschichte wurden Schlachten gewonnen, weil die Generäle ihre Kräfte am entscheidenden Punkt zusammenziehen konnten. Sie konnten ihre Mittel also auf einen einzigen Frontabschnitt konzentrieren.

»Die Kräfte in einer überwältigenden Masse konzentriert halten«, sagt Clausewitz. »Der Grundgedanke. Immer, vor allem und so weit wie möglich anzustreben.«

Die Schlacht von Waterloo wurde gewonnen, weil Wellington seine Preußen zum entscheidenden Zeitpunkt in die Feuerprobe einbringen konnte.

Die Schlacht von Waterloo wurde verloren, weil Napoleon sich nicht auf einen einzigen Feind konzentrieren konnte.

Das Gegenteil von menschlichem Instinkt

Konzentration ist ein mächtiges Konzept, wenn es praktiziert wird, denn es ist genau das Gegenteil des menschlichen Instinkts und Verhaltens. Ein Befehlshaber im Feld ist unter Druck, eine Fülle kleiner Angriffe zu liefern. So schickt er eine Gruppe hierhin, eine Kompanie dahin. Wenn der Augenblick der Wahrheit kommt, hat er nicht mehr das kräftemäßige Übergewicht, das er für den Sieg braucht.

Ebenso geht es im Marketing. Jedes große Unternehmen,

das wir analysiert haben, führt nicht einen Krieg – es führt Hunderte von Kleinkriegen, die seine Kräfte zerstreuen und so für mangelhaften Erfolg sorgen, wenn die große Gelegenheit sich bietet.

In diesem Sinn folgt die menschliche Natur der Natur selbst. Die Entropie ist der Maßstab der Naturwissenschaften für die Gestörtheit eines Systems. In einem geschlossenen System wie dem Weltall nimmt die Entropie ständig zu, und die verfügbare Energie nimmt ab.

Die natürliche menschliche Tendenz in einer Firma neigt dazu, auf breiter Front zu agieren. Neue Märkte, neue Produkte, neue Anwendungen für existierende Produkte zu finden. Die Produktpalette zu erweitern, das Kapital an Firmen- und Markennamen zu nutzen. Streuung ist die Lösung des Tages (›Brand leveraging‹ ist der neueste Ausdruck für das Konzept Streuung).

Wenn man die Entropie sich selbst überläßt, nimmt sie in einem geschlossenen System wie einem Unternehmen immer zu. Die verfügbare Energie nimmt ab, und die Firma wird bei Angriffen der Konkurrenz verwundbar – an der Wall Street wie beim Verbraucher.

Schmelzendes Eis

Ein Beispiel sind die Häagen-Dazs-Eisdielen. Laut *Wall Street Journal* könnten sie bald der Vergangenheit angehören.

Der Eigner Pillsbury ist besorgt über die schmelzenden Umsätze der 325 Häagen-Dazs-Eisdielen und scheint an Schließung zu denken.

Das Problem? Supermärkte verkaufen das gleiche Häagen-Dazs-Eis billiger. Wie ist das geschehen? Ausweitung der Produktpalette natürlich.

Das Problem ist, daß Ausweitung der Produktpalette so vernünftig klingt. »Wir können unseren erstklassigen Ruf nutzen, indem wir das gleiche Eis an zwei Stellen verkaufen. Durch den Verkauf im Laden wird es weithin bekannt. Der Supermarkt wird Umsatz schaffen.«

Die Synergie schlägt wieder zu. Wann werden die Firmen lernen, daß der Weg zum Erfolg gerade das ist – *ein* Weg und nicht zwei oder drei oder sechs Dutzend? Mit einem Wort: Konzentration.

Von der Straße herunterfahren

Das vielleicht beste Beispiel für das Prinzip, daß zwei Wege nicht besser sind als einer, ist American Motors.

Glaubt wirklich irgend jemand, daß es American Motors im letzten Jahrzehnt nicht besser gegangen wäre, wenn die Firma sich auf die gewinnbringenden Jeeps konzentriert und ihre verlustträchtigen Pkws aufgegeben hätte?

Ja – Joseph E. Cappy glaubt es. »Um in der Automobilbranche erfolgreich zu sein«, sagte der Präsident von American Motors, »braucht man zwei Beine. Eines sind die Jeeps, das andere die Pkws.« In der Welt des Marketing ist das Gegenteil wahr: Die Einbeinigkeit regiert.

Es wurde auf Englisch gesagt, aber mit französischem Akzent. Typisches Top-Down-Denken. Man fragt sich, ob Renault wollte, daß American Motors Geld verdiente oder für Renault-Pkws warb.

Was plant nun, da American Motors nicht länger unter uns weilt, sein neuer Eigner Chrysler?

Die Pkws aufgeben und die Verkaufsstellen wieder ›Jeep‹ nennen. Guter erster Schritt zur Konzentration des Unternehmens.

Chryslers zweiter Schritt hat den ersten untergraben. Es wurde eine neue Eagle-Pkw-Familie eingeführt, die von Jeep/Eagle-Händlern verkauft werden sollte. Zurück zu den Fehlern der Vergangenheit.

Wenn Sie hinuntergehen an die Front, zu den Händlern selbst, können Sie sehen, welchen Schaden die gespaltene Konzentration anrichtet. Wenn sie nur eine einzige Jeep-Linie zu verkaufen haben, können die Verkäufer aus Leuten rekrutiert werden, die an funktionelle Fahrzeuge mit Allradantrieb und ohne Schnickschnack ›glauben‹. Auch die Wartungsmannschaft kann auf dieses Konzept spezialisiert sein.

Wenn sie sowohl Jeeps als auch Eagles verkaufen sollen, sind die Verkäufer und Mechaniker in sich gespalten. Wenn der Kunde kommt, sagt der Verkäufer nicht: »Willkommen im Land des praktischen, funktionellen Allradantriebs.«

Der Verkäufer sagt: »Was möchten Sie denn kaufen?«

›Wir verkaufen alles‹ ist als Strategie etwa so wirksam, wie wenn eine Kirche versucht, jeden anzusprechen, indem sie getrennt protestantische und katholische Gottesdienste anbietet. »Richten Sie den Scheinwerfer auf die Jungfrau Maria«, sagt der Manager; »es ist Zeit für die Fünf-Uhr-Messe.«

Konzentration ist unlogisch

Wenn die Vorteile so eindeutig sind, warum praktizieren dann nicht mehr Firmen Konzentration beim Marketing?

Erstens sind die Vorteile nicht eindeutig. Oberflächlich betrachtet scheint eine engere Konzentration das Geschäft zu reduzieren.

Stellen Sie sich ein Schuhgeschäft vor, das 80 % seines Umsatzes mit Damenschuhen und den Rest mit Herrenschuhe macht. Würde es sich ausschließlich auf Damenschuhe spezialisieren, scheint es logisch, daß der Umsatz um 20 % sinken würde.

Und das würde er wahrscheinlich auch... Wenn der Laden nichts weiter täte als die Herrenschuhe aufgeben.

Deshalb kann man die Wirksamkeit einer Taktik nicht isoliert bewerten. Man muß die Taktik zu einer Strategie ausbauen und sich dann fragen: »Wird eine Damenschuh-Strategie mein Schuhgeschäft konkurrenzfähiger machen?«

Dies ist auch nicht die erste Frage, die Sie sich stellen sollten. Um eine Taktik zu einer Strategie zu machen, müssen Sie den gesamten Absatzprozeß durchdenken.

Zum Beispiel sollte ein Geschäft für Damenschuhe wahrscheinlich nicht ›Family Shoes‹ heißen. Ändern Sie den Namen.

Dann sollte das gleiche Denken auf alle anderen Bereiche des Geschäfts angewandt werden, einschließlich der Modelle, die vorrätig gehalten werden, der Schaufensterauslagen, der Preise und natürlich der Werbung.

Die Taktik ist der Angriffspunkt, und die Strategie ist die Vorgehensweise, um der gewählten Taktik die größtmögliche Durchschlagskraft zu verleihen.

Wenn wir von Taktik sprechen, meinen wir natürlich eine Taktik, die wettbewerbsorientiert ist. Beim Beispiel Schuhgeschäft nehmen wir an, daß die Konkurrenz aus Schuhgeschäften für die ganze Familie besteht, die Damen- und Herrenschuhe verkaufen. Ihre Kräfte konzentrieren heißt sich an einen kleineren Markt wenden als Ihre Konkurrenz.

Ist die Konkurrenz bereits deutlich konzentriert und hat getrennte Geschäfte für Damen und Herren, dann müssen Sie nach einer anderen Taktik suchen.

Warum ist eine Konzentration der Kräfte einer Streuung der Kräfte überlegen?

In jedem Fall könnte ein Generalist einem Spezialisten überlegen sein, aber das menschliche Denken ist anders. Für das Denken ist der Spezialist dem Generalisten überlegen.

Würden Sie ihren doppelten Bypass lieber von einem Arzt für Allgemeinmedizin legen lassen oder von einem Herzchirurgen?

Würden Sie Ihren Cadillac lieber in der Tankstelle an der Ecke warten lassen oder bei dem Cadillac-Händler, der Ihnen den Wagen verkauft hat?

Kaufen Sie Ihre Schuhe im Kaufhaus oder im Schuhgeschäft? Die meisten Menschen kaufen ihre Schuhe im Schuhgeschäft.

Der Spezialist hat in der Wahrnehmung des Kunden die Oberhand.

Verstehen, worum es geht

Sie können nicht anfangen, Ihre Kräfte zu konzentrieren, bevor Sie verstehen, worum es geht. Was ist das Problem? Was hindert Ihr Geschäft daran, auf dem Markt Erfolg zu haben?

Der Prozeß erfordert Objektivität und intellektuelle Ehrlichkeit. Der Schlüssel liegt darin, die Probleme zu verstehen und sich ihnen zu stellen. Allzuviele Menschen wollen die Probleme unter dem Teppich halten, um alte Entscheidungen und Empfindlichkeiten in ihrem Unternehmen zu schützen.

Nur zu oft gelingt es Absatzfachleuten nicht, ihr Problem Nummer 1 herauszufinden und einen Grundkonsens darüber herzustellen. Sie neigen dazu, sich mit vagen, schlecht definierten Problemen zufriedenzugeben, etwa »Wie erreichen wir jedes Jahr ein Wachstum von 15 %?« oder »Wie verbessern wir die Rendite unserer Investitionen?«

Das sind keine Probleme. Das sind Ziele oder Wünsche, die in Form eines Problems ausgedrückt werden. So, als fragten Sie sich: »Wie werde ich Chef?«

Sie werden Ihr Problem nicht innerhalb der Firma finden. Sie werden Ihr Problem nicht einmal am Markt finden.

Das Problem ist immer im Denken des Kunden oder potentiellen Kunden. Marketing heute ist eine Schlacht der Ideen, nicht der Produkte oder Dienstleistungen.

Zugegeben, Sie werden über materielle Veränderungen an der Ware oder Dienstleistung nachdenken müssen. Oder vielleicht werden Sie den Firmennamen ändern müssen. Aber all diese Veränderungen kommen später, nachdem Sie sich die Vorstellungen klargemacht haben, die in der Wahrnehmung des Kunden existieren.

Wenn Sie für VW arbeiten, müssen Sie sich der Tatsache stellen, daß Amerika bei VW noch immer an kleine, preiswerte, zuverlässige Autos denkt, und daß dieses Denken nicht zu ändern ist.

Wenn Sie für Coca-Cola arbeiten, müssen Sie sich der Tatsache stellen, daß New Coke ein Reinfall ist und von ihrem Elend erlöst werden sollte, damit die eigentliche Coca-Cola ein konzentriertes Werbeprogramm bekommen kann. Und dies, obwohl Geschmackstests eindeutig bewiesen haben, daß New Coke besser schmeckt als Coca-Cola Classic.

Die Vorstellung des Kunden ist die Realität.

Wenn Sie für Anheuser-Busch arbeiten, müssen Sie sich der Tatsache stellen, daß es mit Michelob bergab geht, seit die Firma ihre Strategie ›First Class Is Michelob‹ aufgegeben hat.

Wenn Sie für General Motors arbeiten, müssen Sie sich der Tatsache stellen, daß ein Cadillac nicht mit einem Mercedes konkurrieren kann, selbst wenn der Cadillac ein Allanté ist und 56 000 Dollar kostet.

Wenn Sie für Western Union arbeiten, müssen Sie sich der Tatsache stellen, daß Sie im 20. Jahrhundert kein Unternehmen mit einem Namen aus dem 19. Jahrhundert führen können.

Glauben die Angestellten von VW, Coca-Cola, Anheuser-Busch, General Motors oder Western Union, allgemein gesprochen, was wir gerade gesagt haben? Wahrscheinlich nicht. Es liegt etwas Unlogisches in der Idee der Konzentration.

Außerdem kennen sie die Tatsachen. Sie kennen die Ergebnisse von Produktvergleichen, Geschmackstests, Straßentests. Sie wissen, daß sie gute Produkte haben, die einen größeren Marktanteil verdienen. Sie müssen nur ein paar Vorstellungen verändern.

Der Umgang mit Vorstellungen

Darin liegt einer der Hauptunterschiede zwischen Top-Down- und Bottom-up-Denken. Die Vorstellungen verändern ist der Modus operandi des traditionellen Top-Down-Marketings. Der Umgang mit Vorstellungen ist das Gütesiegel eines Bottom-up-Denkers.

Man geht mit Vorstellungen um, indem man Veränderungen an der Firma oder ihren Produkten vornimmt, nicht, indem man versucht, die Umwelt zu verändern. Wenn das Boot leck ist, versucht man nicht, den See trockenzulegen. Man versucht, das Boot zu flicken.

In einer Firma drehen sich die Prioritäten oft um. Die Leute glauben, sie müßten sich erst in ihre Produkte oder Dienstleistungen verlieben, bevor sie hinausgehen und sie vermarkten können: »Wenn ich in meinem Herzen weiß, daß wir ein besonders gutes Produkt haben, dann bin ich sicher, daß ich die richtigen Worte und Bilder und Strategien finde, um diesen Glauben anderen mitzuteilen.«

Sich in sich selbst verlieben ist eine gefährliche Illusion. Sie vernebelt einem das Denken.

Beim Bottom-up-Marketing versucht man nicht, die Wahrnehmung zu verändern, sondern die Vorstellungen zu nutzen, die bereits da sind.

Um einen Ansatzpunkt zu finden, müssen Sie etwas Spezifisches finden und es dann generalisieren. Man muß beim Generalisieren sogar übertreiben.

Marketing ist ein Spiel, bei dem die einfache Idee die komplexe schlägt, wo die einzelne Idee die vielfachen Vorstöße schlägt.

Um zu sehen, warum das so ist, müssen Sie in die Wahrnehmung des Verbrauchers zurückgehen. Wie kommt man in diese Wahrnehmung hinein? Indem man eine Botschaft nimmt und sie unablässig in verschiedenen Formen wiederholt? Oder indem man viele verschiedene Botschaften vorbereitet?

Wenn eine Botschaft mit einer anderen zusammenstößt, machen Sie sich selbst Konkurrenz. Sie verwirren den Verbraucher. Wer sind Sie und wofür stehen Sie? Die Verbraucher haben eine starke Abneigung dagegen, einer einzigen Ware oder Firma zwei verschiedene Positionen zu geben.

Wenn Sie für eine Marke verantwortlich sind, brauchen Sie den Mut, ›Nein‹ zu sagen, wenn man Ihnen sagt, Sie könnten mehr Geld verdienen, indem Sie ›die Produktpalette erweitern und Ihren gut eingeführten Markennamen nutzen‹.

Etwas für nichts

Ausweitung der Produktpalette ist ein bestechendes Argument, wenn Visionen von neuen Geschäften in den Köpfen der Manager tanzen. Sie sehen schon, daß sie etwas für nichts bekommen, wenn sie die ›Gratisfahrt‹ mit dem gut eingeführten Namen machen. Leider gibt es kein Gratisessen, und irgendwann muß der Rattenfänger bezahlt werden. Hier einige Beispiele:

1. Scott Paper hängte seinen Namen an so viele Produkte (ScotTissue, Scotties, Scot-Towels), daß das Wort ›Scott‹ auf der Einkaufsliste bedeutungslos wurde. Dann kam Mr. Whipple und seine Tissue Squeezer von Charmin, die Scott die Marktführung bei Toilettenpapier abnahmen.
2. Sarah Lee verlor 8 Millionen Dollar bei dem Versuch, zusätzlich zum tiefgefrorenen Dessert ein Gefrier-Fertiggericht zu werden.
3. Xerox verlor Millionen bei dem Versuch, Xerox-Maschinen zu verkaufen, die nicht fotokopieren konnten (es waren Computer).
4. Life Savers versuchte erfolglos, gleichzeitig ein Bonbon und ein Kaugummi zu sein. Dann lancierte man einen Blasen-Kaugummi ohne den Namen Life Savers. Bubble Yum ist ein enormer Erfolg. Es verkauft sich besser als Life-Savers-Bonbons.
5. Procter & Gamble, eine der letzten Bastionen gegen die Ausweitung der Produktpalette, fiel schließlich doch dem Sirenengesang zum Opfer und versuchte es mit Ivory-Shampoo und Ivory-Haarspülung – zwei Produkten, aus denen nichts wurde.

Weiter mit den Ausweitungen der Produktpalette

Wir könnten endlos so weitermachen, aber über die Jahre haben wir dieser Windmühle namens ›Ausweitung der Produktpalette‹ nicht einmal eine Beule beibringen können. In einer Kategorie nach der anderen sind alle in das Becken gesprungen. Jedes größere Bier hat mit großen Kosten und (wenn man die Wirkung auf die Hauptmarke mitberechnet) negativen Ergebnissen ein ›Light‹ lanciert.

Die fünf großen Zigarettenmarken unserer Jugend haben heute auf 269 Marken expandiert. Die meisten davon sind Ausweitungen der Produktpalette. Und bei beiden Kategorien, Bier und Zigaretten, ist die Marktentwicklung entweder flau oder rückläufig. Ergebnis: Mehr Kosten und weniger Absatz für jeden Spieler.

Wenn ein Produkt versucht, jeden anzusprechen, spricht es letztlich niemanden an. Die Ausweitung der Produktpalette in all ihren Abarten ist ein selbstzerstörerischer Prozeß. Langfristig tendiert eine Ausweitung der Produktpalette dazu, die Zustimmung zum Grundprodukt, Grundnutzen und Grundkonzept zu zerstören.

Bei abgepackter Ware bewirkten bestimmte Bedingungen Ausweitungen der Produktpalette. Diese Ausweitungen zeitigen dann langfristig Folgen, die sowohl die Marken als auch die Kategorien schwächen. Langfristig ist jede Kategorie, die ihre Produktpalette stark erweitert, auch eine schwache Kategorie.

Es gibt zwei Faktoren, die Firmen zur Ausweitung ihrer Marken bewegen.

1. *Flauer oder rückläufiger Markt*. Beispiele: Bier, Zigaretten, Kaffee, Frühstücksflocken.
2. *Bedenken der Verbraucher gegen Inhaltsstoffe*. Beispiele: Koffein, Nikotin, Natrium, Zucker, Kalorien.

Obendrein hat die von der Ausweitung der Produktpalette verursachte Produkteflut auch noch zu ›Stellgebühren‹ seitens der Einzelhändler geführt, deren Platz auf den Regalen ein knapper werdendes Gut ist.

Außerdem führt die Ausweitung der Produktpalette normalerweise zu geringerer Nachfrage nach ganzen Produktkategorien.

Was denken Sie, wenn Sie die Mayonnaise Hellman's Light im Regal sehen? Mayonnaise muß furchtbar viele Kalorien haben. Ist das eine Botschaft, die Hellman's vermitteln will?

Der Versuch, Generalist zu werden

Die meisten Firmen versuchen, Generalisten zu werden. Wäre es nicht so tragisch für Aktionäre und Arbeitnehmer, so wäre der Trend lachhaft, allen alles zu sein. (Erinnern Sie sich an die ›Trans Pacific Airline & Storm Door Company‹ in der alten Bob-Newhart-Nummer?)

Verstehen Sie uns nicht falsch. Die konventionelle Weisheit besagt, daß die Marke für alles der spezialisierten Marke überlegen ist. Deshalb ist die Ausweitung der Produktpalette die Lieblingstechnik im heutigen Marketing.

Wir sprechen nicht über Tante-Emma-Läden. Wir sprechen über große Unternehmen mit großen, hochqualifizierten Marketing-Abteilungen. Firmen wie Colgate-Palmolive zum Beispiel. Colgate hat die Bedeutung vieler ihrer Marken zerstört.

Frage: Was ist Colgate? Ist es eine Zahncreme, eine Zahnbürste, ein Zahnpulver, ein Stück Seife, eine Rasierseife oder ein Spülmaschinen-Pulver?

Antwort: alles.

›Die Marke erweitern‹ ist der letzte Schrei; Firmen wie Coca-Cola sprechen von ›Megamarken‹.

Im Namen von Kosteneffizienz und Handelsakzeptanz sind die Unternehmen vollkommen bereit, eine ›spezialisierte‹ Marke, die für einen bestimmten Typ von Produkt oder Idee steht, zu einer ›allgemeinen‹ Marke zu machen, die zwei, drei oder mehr Produktarten repräsentiert.

Chevrolet vermarktet zum Beispiel die schwindelerregende Zahl von 51 verschiedenen Automodellen unter 12 Namen, von der Chevette für 5000 Dollar bis zur Corvette für 30 000 Dollar. Zusätzlich vermarktet Chevrolet noch Lastwagen.

Was ist ein Chevrolet? Ein Chevrolet ist ein kleiner, großer, billiger, teurer Personen- oder Lastkraftwagen. Was immer Sie auch wollen – Chevrolet hat es.

Vielleicht ist das ein Grund, warum Chevrolet kürzlich seine marktführende Position an Ford verloren hat. Tatsächlich geht es Ford nicht viel besser als Chevrolet. Fords Produkte sind nur etwas weniger breit gestreut.

Was die Ausweitung der Produktpalette bewirkt, ist dies: Sie untergräbt die Grundidentität des Produktes oder seine Position in der Wahrnehmung des Käufers.

Ausweitung der Produktpalette und Wettbewerb

Die langfristige Erosion der Markenidentität ist die Folge der Ausweitungspolitik; den eigentlichen Schaden aber bewirkt die Konkurrenz.

Tatsächlich ist Ausweitung der Produktpalette oder der Marke sehr sinnvoll und sollte ermutigt werden – mit einem einzigen, kleinen Vorbehalt: Kein starker Konkurrent darf im gleichen Geschäft sein.

Verzettelung ist nicht der Feind: Der Konkurrent ist es. Die traurige Mär von General Electric im Geschäft mit Haushaltsgeräten demonstriert dies. ›General Electric‹ ist ein wunderbarer Name. Also war es verständlich, daß General Electric seinen Namen auf eine breite Vielfalt von Produkten setzte: Waschmaschinen, Spülmaschinen, Mixer, Bügeleisen, Einweckgeräte – um nur einige wenige zu nennen.

Die Ausweitung der Produktpalette war nicht das Problem. Das Problem war, daß der Wettbewerb zugelassen wurde und die Spezialmarken in jeder Kategorie an die Spitze kamen.

Cuisinart ist führend in Einweckgeräten – nicht GE.

Frigidaire ist führend in Kühlschränken – nicht GE.

Maytag ist führend in Waschmaschinen – nicht GE.

Sunbeam ist führend in Bügeleisen – nicht GE.

Waring ist führend in Mixern – nicht GE.

Das einzige Küchenprodukt, in dem General Electric führt, sind (was könnte es anders sein) Elektroherde.

Die Anfälligkeit des Generalisten

Der Generalist ist immer anfällig. Del Monte ist ein wunderbarer Generalistenname für Obst und Gemüse in Dosen. Aber ein ›Spezialist‹ namens Dole ist führend in Ananas. Nehmen Sie das Beispiel Kraft. Viele Leute meinen, die breite Verwendung des Namens Kraft sei erfolgreiche Ausweitung der Produktpalette in ihrer besten Form.

Das hätte sie durchaus sein können, wenn es keine Konkurrenz gegeben hätte. Aber wenn der Generalistenname Kraft bei Gelees und Marmeladen gegen den Spezialisten Smuckers antritt, gewinnt der komisch klingende Name die Schlacht um die Marktanteile mit 37 zu 9 %.

Und in den Mayonnaisekriegen schneidet der Generalist nicht besser ab. Krafts Real Mayonnaise hat einen Marktanteil von 18 %, Heilman's hingegen 42 %.

Zum Glück hat Kraft selbst einige Spezialmarken. Seine erfolgreichste Marke, was Marktanteile betrifft, ist Philadelphia-Frischkäse, ein Spezialname, wie er im Buche steht. Seit Jahren hat Philadelphia um 70 % Marktanteil bei Frischkäse.

Ausweitung der Produktpalette – eine Paradoxie

Jeder kennt eine erfolgreiche Ausweitung der Produktpalette. Die Frage ist allerdings nicht, ob die Ausweitung erfolgreich ist, sondern was die Konkurrenz getan hat. Das führt uns zu den beiden Prinzipien der Ausweitung der Produktpalette.

1. Ausweitung der Produktpalette ist eine gute Strategie, wenn sich nie eine spezialisierte Konkurrenz entwickelt.
2. Ausweitung der Produktpalette ist eine schlechte Strategie, wenn die Konkurrenz hart zurückschlägt.

Bisher scheint die Geschichte diese beiden Punkte zu bestätigen. Jahrelang war die Marke Crisco von Procter & Gamble das führende Kochfett. Dann entdeckte die Welt das Pflanzenöl. Natürlich entdeckte Procter & Gamble Crisco Oil.

Wer ist also der Gewinner im Pflanzenölkrieg? Wesson natürlich.

Die Zeit geht weiter, und Maisöl kommt auf. Natürlich bleibt Wesson auf der Höhe der Technik und führt Wesson Maisöl ein.

Wer ist also der Gewinner der Maisölschlacht? Richtig: Mazola.

Der Erfolg des cholesterinfreien Maisöls legt eine cholesterinfreie Maisöl-Margarine nahe. Deshalb führt Mazola Maisöl-Margarine ein.

Wer ist also der Gewinner in der Kategorie Maisöl-Margarine? Sie sagen es – Fleischmann's.

In jedem Fall wurde ein siegreicher Spezialist zum Generalisten und verlor gegen einen Spezialisten.

Längere und längere Zigaretten

Die gleiche Geschichte wurde vor Jahren bei Zigaretten durchgespielt.

1937 führte Pall Mall eine 85-mm-Zigarette ein, 15 mm länger als die Standardmarken wie Lucky Strike und Camel.

Pall Mall wurde zum Spezialisten in ›King-Size‹-Zigaretten. Und war damit erfolgreich. 1960 schubste Pall Mall Camel als Marktführer beiseite.

Dann sagte jemand bei Pall Mall: »Warum hier aufhören? Gehen wir weiter bis 100 mm.« Eine glänzende Idee.

Aber statt eine neue Marke einzuführen, machte Pall Mall seinen spezialisierten King-Size-Namen zu einem Namen für alles. 1965 wurde Pall Mall Golds eingeführt, die erste 100-mm-Zigarette. Kurz darauf kam ein Spezialist namens Benson & Hedges mit seinen 100-mm-Zigaretten und riß den Markt an sich. Heute haben Pall Malls 85 und 100 mm zusammen nur 3,1 % Marktanteil, Benson & Hedges hingegen 4,2 %.

Wieder einmal schlägt der Spezialist den Generalisten.

Das Gegenteil der Ausweitung

Konzentration ist das Gegenteil von Ausweitung der Produktpalette.

Eine Marketing-Botschaft ist wie eine Messerklinge. Man muß das Messer schärfen, um die Botschaft in das Denken hineinzutreiben. Man stumpft die Klinge ab, wenn man seine Absatzstrategien verbreitert.

Die Mathematik des Marketings ist anders als die mathematische Mathematik. Beim Marketing steigert man den Absatz durch Subtraktion, nicht durch Addition.

Um einen schlagkräftigen Marketing-Angriff vorzutragen, muß man bereit sein, Opfer zu bringen. Die volle Produktlinie zum Beispiel ist der Luxus des Marktführers. Wer mit dem Führer konkurrieren will, muß seine Produktpalette einschränken, nicht erweitern.

Die Macht der Konzentration

Erstens kann sich der Spezialist auf ein Produkt, einen Gewinn, eine Botschaft konzentrieren. Diese Konzentration ermöglicht es dem Anbieter, der Botschaft eine scharfe Spitze zu geben, die sie schnell in das Denken hineintreibt.

Einige Beispiele: Domino's Pizza kann sich auf seine Lieferung nach Hause in 30 Minuten konzentrieren. Pizza Hut muß über beides sprechen, Lieferung nach Hause und Service im Restaurant.

Duracell kann sich auf langlebige Alkalibatterien konzentrieren. Eveready spricht über Taschenlampen-, Hochleistungs-, wiederaufladbare und Alkalibatterien. Kürzlich wurde die Eveready-Alkalibatterie schlicht zum Energizer ernannt – ein guter Schachzug von Eveready.

Castrol kann sich auf sein Öl für kleine Hochleistungsmotoren konzentrieren. Pennzoil und Quaker State werden für Motoren aller Art vermarktet.

Zweitens hat der Spezialist die Möglichkeit, als der Experte oder der Beste wahrgenommen zu werden. Philadelphia ist der beste Frischkäse. Das Original sozusagen.

Schließlich kann der Spezialist zum allgemeinen Begriff für die Kategorie werden. Tempo wurde zum ›Begriff‹ für die Kategorie. »Hast Du mal ein Tempo für mich?«. TippEx wurde zum Begriff für die Korrektur von Manuskripten. »Das kann ich mit TippEx reparieren.« Tesafilm wurde zum Begriff für Zellophan-Klebeband. »Ich klebe es mit Tesafilm.«

Den Markennamen zum Begriff machen ist die absolute Waffe im Marketing. Aber das kann nur ein Spezialist tun. Der Generalist kann kein Begriff für etwas werden.

Niemand sagte je: »Hol mir ein Bier von GE.«

Konzentration bei Colas

Die Zwei-Marken-Strategie von Coca-Cola kam der Erzrivalin Pepsi Cola wie gerufen. Nirgends war die Zwei-Marken-Strategie prekärer als im Ausschank: Ein Supermarkt hat Platz für zwei Sorten Coca-Cola – ein Schnellimbiß nicht.

»Warum sich mit einer gespaltenen Entscheidung begnügen«, lautete eine Pepsi-Geschäftsanzeige, »wenn Sie mit dem klaren Sieger gehen können?«

Was für eine Gelegenheit. Pepsi hatte die Schlacht um die Supermärkte bereits gewonnen. Aber Coca-Cola war mit 60 % Marktanteil gegen Pepsi mit 26 % dabei, den Ausschank-Krieg zu gewinnen.

Dann bekam Pepsi ein Leck. Der Konzern kaufte zu seinen Ketten Taco Beil und Pizza Hut die Hühnchenkette Kentucky Fried Chicken hinzu.

»Warum Ihre Konkurrenz subventionieren?« fragte Coca-Cola hämisch, und prompt war Wendy's überzeugt, die ›Choice of a New Generation‹ aufzugeben.

Pepsi Cola hat Schwierigkeiten mit der Imbiß-Branche. Es wird eine Menge sanfter Reden und harter Dollars nötig sein, um Pepsi im Ausschank-Spiel zu halten.

Konzentration bei der Büroautomation

Xerox kann alles kopieren. Das dachte die Firma jedenfalls, als sie versuchte, IBM zu kopieren und eine volle Ausstattung zur Büroautomation herausbrachte. Sie werden bemerken, daß Team Xerox in letzter Zeit nicht viele Spiele gewonnen hat.

Ein System statt eines Produkts zu verkaufen, ist die wissenschaftliche Methode, seine Kräfte zu verteilen, und sie muß für viele Unternehmen verlockend sein. Bevor Sie aber so vorgehen, sollten Sie an die Front gehen und sich vergewissern, daß Ihre potentiellen Kunden ebenso dringend ein System kaufen wollen, wie Sie eines verkaufen wollen.

Die meisten Kunden wollen nicht. Deshalb haben Wang, Harris und andere Systemanbieter ja so viele Probleme.

Konzentration ist die geheime Zutat in fast jedem erfolgreichen Absatzprogramm. Selbst die mächtige IBM kann es sich nicht leisten, gleichzeitig an allen Fronten anzugreifen. In dem Jahr, als Big Blue den PC einführte, gab sie 73 % ihres Werbeetats für ihr neues Baby aus.

MCI stolpert

MCI, die Telefongesellschaft für Ferngespräche, hat vor einigen Jahren eine Abschreibung von 500 bis 700 Millionen Dollar angekündigt. Weiter kündigte das Unternehmen an, es werde 2300 von seinen 16 000 Arbeitnehmern entlassen. Das ist ein großer Verlust, an Dollars wie an Menschen.

Das Problem bei MCI war die Konzentration, und es begann mit der schlecht durchdachten Lancierung des MCI-Postdienstes.

MCI ist ein großes Unternehmen mit jährlichen Einkünften um die 4 Milliarden Dollar. Größe ist allerdings relativ.

MCI konkurriert mit AT&T, einer um ein Vielfaches größeren Firma. MCI hat nur einen winzigen Marktanteil von 5 % in Ferngesprächen.

Wenn Sie mit der riesigen Größe von AT&T konkurrierten – würden Sie dann ein Produkt lancieren, das es mit einem weiteren Monstrum aufnimmt, der Post der USA?

Wenn irgendein Unternehmen in den elektronischen Postdienst geht, sollte das AT&T sein, nicht MCI.

Kein gutes Jahr für Goodyear

Es war bestimmt kein gutes Jahr für den König der Straße, die Goodyear Tire and Rubber Company.

Aber Reifen und Gummi waren nicht die Ursache des Problems. Es lag am Öl. Insbesondere an der Celeron Corporation, einer Firma für Öl- und Gasbohrungen, die Goodyear 1983 für 820 Millionen Dollar in Aktien gekauft hat.

Nicht nur die Ölfirma, sondern auch die ansehnlichen Firmen für Raumfahrt und Autoräder haben Goodyears Management von der Straße abgelenkt.

Die Katastrophe brach über Goodyear in Gestalt des britisch-französischen Investors Sir James Goldsmith herein, der plötzlich mit 11,5 % der Firma in Erscheinung trat und anbot, den Rest zu kaufen.

Um Sir James abzuschmettern, kaufte Goodyears Management seine Anteile und 40 Millionen Aktien von anderen Aktionären zurück. Dadurch stiegen Goodyears Schulden auf mehr als das Doppelte, 5,3 Milliarden Dollar, und es mußte Celeron und seine beiden anderen Unternehmen abstoßen.

Die Arbeitsplätze bei Goodyear wurden um 5 % reduziert, der Forschungs- und Entwicklungsetat um 10 % gekürzt und der Werbeetat kräftig zusammengestrichen. Der Kapitalaufwand wurde erheblich gesenkt.

Welchen grausigen Plan hatte Goldsmith für Goodyear? »Es ist ein gutes, gesundes Unternehmen mit Weltklasse-Technologie«, sagte Sir James, »aber seine Diversifizierung ist auf Kosten seiner Konzentration gegangen.«

Wieder dieses Wort ›Konzentration‹. Dem Wert der Goodyear-Aktien wäre am besten gedient, wenn das Unternehmen die Geschäfte, die nicht mit Reifen zu tun haben, aufgäbe und sich auf sein Stammgeschäft konzentrierte.

Uns kommt das vor wie eine gute Idee. Warum kam Goodyear nicht als erstes darauf?

Der Fall Du Pont

Die Symptome waren die gleichen: ein Unternehmen, das seine Konzentration verloren hatte.

Wie bei Goodyear war Öl das Problem bei Du Pont. Insbesondere die Conoco, die sie 1981 für 7,8 Milliarden Dollar kaufte und die 1989 nur noch 5 Milliarden wert zu sein schien.

Was Du Ponts Managern die Arbeitsplätze erhielt, war die Höhe der Summe, die es gekostet hätte, das Unternehmen zu kaufen. Mit einem Marktwert von fast 21 Milliarden Dollar wäre Du Pont sogar für Donald Trump ein etwas zu dicker Brocken gewesen.

Das Wilmington-Unternehmen hatte nicht gelernt, sich zu konzentrieren. In dem Bemühen, seine Abhängigkeit bei Chemikalien zu reduzieren, kaufte Du Pont eine Reihe Chemiefirmen, namentlich die American Critical Care Unit von Baxter Travenol.

Wird es der Chemie ähnlich ergehen wie dem Öl? Das ist die falsche Frage.

Wenn Sie glauben, Sie wüßten, wie es einem Produkt wie der Chemie gehen wird, dann sollten Sie Chemieaktien kaufen, nicht die Chemiefirma selbst.

Die Synergie können Sie vergessen. Sie ist ein Mythos.

Konzentration im Einzelhandel

Ein Wirtschaftszweig, der die enormen Vorteile der Konzentration deutlich macht, ist der Einzelhandel.

Die großen Kaufhäuser verlieren Kundschaft an die kleinen Fachgeschäfte. Allein in Manhattan haben drei große Kaufhäuser der alten Art (Gimbels, Ohrbach's und Alexander's) Schließungspläne bekanntgegeben.

Kleine Fachgeschäftketten hingegen haben Konjunktur. The Gap und Benetton sind zwei Beispiele dafür.

Die Schlacht zwischen Kaufhäusern und Fachgeschäften ist eines der deutlichsten Beispiele für die Durchschlagskraft der Konzentration. Freilich gingen die Umsätze der Kaufhäuser erst zurück, *nachdem* die Fachgeschäfte am Markt erschienen waren.

Der Zeitpunkt, den überexpandierten Konkurrenten zu treffen, ist, bevor der Rückgang einsetzt; nicht danach. Wenn man wartet, bis der Trend offensichtlich ist, ist es wahrscheinlich zu spät. Andere werden schon nachgerückt sein und ihre Position erobert haben.

Scheidung nach Art von Dart und Kraft

Sie haben wahrscheinlich über die Scheidung von Dart und Kraft nach 6 Jahren Firmenehe gelesen. Wir halten sie für die erste von vielen Trennungen dieser Art in der Welt des Marketing.

Die neue Kraft Inc. setzt sich aus dem gesamten Lebensmittelgeschäft von Dart und Kraft plus Duracell zusammen. Zwar sind Batterien und Lebensmittel zusammen nicht sehr sinnvoll, aber die Machthaber bei Kraft wollten die gewinnbringende Duracell nicht hergeben.

Die übrigen Teile (Tupperware-Plastikbehälter, West-Bend-Haushaltsgeräte, Hobart-Großküchenausstattungen usw.) wurden unter dem Namen Premark International an die Aktionäre abgestoßen.

Trotz der Probleme mit dem Namen Kraft glauben wir, daß beide Hälften erfolgreich sein werden: Zwei konzentrierte Firmen sind stärker als eine nicht konzentrierte.

Einige Wall-Street-Analysten sehen es auch so. Kurt Wulff von Donaldson, Lufkin & Jenrette hält kleinere Firmen, die sich auf ein Geschäft konzentrieren, für erfolgsträchtiger als größere, ›überkapitalisierte, überdiversifizierte‹ Unternehmen.

»Die Investoren«, sagt Herr Wulff, »sollen durch ihr Portefeuille diversifizieren, nicht durch das Management.«

»Ich nehme ein Miller«

Kein Beispiel veranschaulicht die Gefahren des Kräftestreuens besser als die Mär vom Miller-Bier.

Die Logik lief wahrscheinlich so: Wir haben eine führende Marke für normales Bier (Miller High Life); warum erweitern wir also nicht unseren Marktanteil, indem wir unseren gut eingeführten Markennamen für ein leichtes Bier verwenden (Miller Lite)?

Und es funktionierte. Miller Lite ist in Amerika das am zweithäufigsten verkaufte Bier. Was aber ist mit Miller High Life geschehen, das früher an zweiter Stelle stand?

Diese Marke bekam ein Leck. In 6 Jahren ist Miller High Life von 23,5 Millionen Faß pro Jahr auf nur 9,4 Millionen abgefallen. Dieser Rückgang trat trotz der 310 Millionen Dollar ein, die Miller Brewing in der gleichen Zeit für die Werbung ausgab.

Gehen wir hinunter an die Front und schauen wir, warum. Am besten fangen wir in Ihrer Kneipe an. Verlangen Sie ein ›Miller‹ und sehen Sie, was Sie bekommen. Wahrscheinlich bekommen Sie ein ›Miller Lite‹. Mit anderen Worten: Miller hat dafür gesorgt, daß ›Miller‹ ›Lite‹ bedeutet. Also kann es nicht mehr ›High Life‹ bedeuten.

Im Vorstandszimmer kann Miller alles bedeuten, was der Vorsitzende will. Unten an der Front, in der Wahrnehmung des Käufers, sieht es anders aus. In einer Gesellschaft, die von Kommunikation, Marken und Bieren überschwemmt wird, haben Sie Glück, wenn Ihr Markenname eines bedeuten kann. Fast nie kann er zwei oder drei Dinge bedeuten.

Heinz war einmal Nummer 1 in sauren Gurken. Dann aber nutzte Heinz seinen Markennamen und führte Heinz Ketchup ein. Und zwar sehr erfolgreich.

Dabei verlor Heinz natürlich seine marktführende Position in sauren Gurken an Vlasic.

Klar. Vlasic bedeutet saure Gurken. Heinz bedeutet Ketchup.

Kapitel 5

Wie Sie Ihre Taktik finden

Kräfte konzentrieren und Trends im Auge behalten ist nicht alles. Irgendwann müssen Sie einen wettbewerbsorientierten Denkansatz wählen und zu einer Strategie entwickeln.

Tatsächlich sollten Sie den Prozeß mehrmals durchdenken: Eine Taktik wählen und sie zu einem logischen Schluß bringen; dann diese Taktik verwerfen und eine andere ausprobieren. Dabei sind einige Prinzipien zu bedenken.

Ihre Taktik sollte nicht firmenorientiert sein

Das ist schlimmstes Top-Down-Marketing – sich für eine Taktik entscheiden, weil sie den strategischen Bedürfnissen des Unternehmens entspricht.

Xerox kaufte eine Computerfirma (Scientific Data Systems), weil das zu ihren strategischen Plänen paßte, ihren Kunden ein automatisiertes Büro anzubieten. Es war ein Milliardenfehler. Die Kunden hatten bereits eine Flut von Computerfirmen zur Auswahl: IBM, Digital Equipment und Wang, um nur einige zu nennen.

Neun von zehn neuen Produkten werden eingeführt, um eine Lücke im Angebot der Firma zu füllen, nicht um eine Marktlücke zu füllen. Vielleicht sind deshalb auch neun von zehn neuen Produkten Flops.

Es ist falsch, von der Firma her zu denken. Vielleicht bekommen Sie dafür Fleißkärtchen innerhalb der Organisation, aber außerhalb kann es verheerende Folgen haben.

Ihre Taktik sollte nicht kundenorientiert sein

Der große Mythos des Marketing lautet, alles drehe sich darum, ›den Kunden zu bedienen‹.

Viele Marketing-Leute leben in einer Traumwelt. Sie glauben an das Märchen vom jungfräulichen Markt. Nichts anderes ist der Glaube, Marketing sei ein Spiel für zwei Teilnehmer, an dem nur die Firma und der Kunde beteiligt sind.

In diesem Märchen entwickelt eine Firma eine Ware oder Dienstleistung, die die Bedürfnisse und Wünsche des Käufers ansprechen soll, und setzt dann Marketing ein, um die Ernte einzufahren.

Es gibt keine jungfräulichen Märkte. In Wahrheit besteht Markt aus Verbrauchern, die mehr oder minder stark an Konkurrenten gebunden sind. Ein Absatzfeldzug besteht deshalb darin, die eigenen Kunden zu halten und gleichzeitig zu versuchen, der Konkurrenz Kunden wegzunehmen.

Und wie ist es bei einem neuen Produkt? Bestimmt gibt es eine Menge jungfräulicher Territorien, wenn man ein neues Produkt einführt.

Stimmt nicht. Was war der Markt für Videorecorder, bevor Sony Betamax einführte? Null. Natürlich definierte Sony die Besitzer von Fernsehgeräten als seinen potentiellen Markt, aber es gab keine Garantie, daß einer von ihnen einen Videorecorder kaufen würde.

Trotz aller Reden über das Ansprechen von Bedürfnissen und Wünschen des jungfräulichen Marktes würden die meisten Anbieter lieber Produkte lancieren, die auf existierende Märkte und gegen etablierte Konkurrenten zielen.

Der Sonderfall Flankenaktion

Wir definieren eine Flankenaktion als Einführung eines neuen Produktes mit einem erkennbaren Unterschied. Ein typischer Flankenzug ist preislich gesehen am obersten oder am untersten Ende der Skala.

Mercedes hat Cadillac zum Beispiel am oberen Ende umgangen. VW hat Chevrolet am untersten Ende umgangen.

Und Orville Redenbacher Gourmet Popping Corn hat Jolly Time umgangen. Flankenzüge können sehr effektiv sein, aber viele Anbieter lassen sich nicht auf sie ein.

Was ist der Markt für ein teures Popcorn? Null natürlich – vor Orville Redenbacher.

Man kann nicht beides gleichzeitig haben. Man kann nicht die Vorteile der Aktivität an einem jungfräulichen Markt genießen und trotzdem von einem definierten Markt profitieren.

Ihre Taktik sollte konkurrenzorientiert sein

Vor nicht allzu langer Zeit beschloß Delta, dem Club seiner Vielflieger einen ›dreifachen Meilenrabatt‹ zu bieten.

Das sah aus wie eine gute Idee, die Delta eine Menge neuer Kunden bringen würde. Das tat sie auch, aber das neue Programm brachte auch American, United, Pan Am, TWA und Eastern auf den Plan. Tatsächlich beeilten sich alle Konkurrenten von Delta, den gleichen Rabatt anzubieten. Niemand profitiert davon, außer den Vielfliegern.

Als Burger King seine Kampagne ›gegrillt, nicht gebraten‹ lancierte, riß McDonald nicht alle Bräter in seinen Restaurants heraus und baute dafür Grillgeräte ein. Das wäre enorm teuer gewesen.

Der Meilenrabatt ist keine konkurrenzorientierte Taktik, denn sie kann schnell kopiert werden.

Tempo ist ein wichtiger Faktor. Wenn ein Konkurrent Ihre Taktik nicht schnell kopieren kann, dann haben Sie Zeit, die Idee in der Wahrnehmung des Kunden für sich zu besetzen.

Die meisten Fluggäste wissen nicht, daß Delta die Idee mit dem Meilenrabatt zuerst hatte. Delta hatte nicht genug Zeit, um sich mit dem Konzept zu etablieren, bevor die Konkurrenz nachzog.

›Gegrillt, nicht gebraten‹ ist eine gute, konkurrenzorientierte Taktik, denn sie kann nicht schnell kopiert werden. Und sie kann nicht kostensparend kopiert werden.

Als Michelin den US-Markt mit dem Gürtelreifen angriff, drängte es Goodyear und Firestone für viele Jahre in die Defensive. Selbst wenn die Großen der amerikanischen Reifenindustrie willens waren, in Gürtelreifen-Anlagen zu investieren, so würde es Jahre dauern, die Produktion in Gang zu bringen.

Die einzige bedenkenswerte Taktik ist die Taktik, die die Konkurrenz ins Schwimmen bringt. Taktiken, die nur einen Kaufanreiz bieten, bieten der Konkurrenz auch einen Anreiz, sie zu kopieren.

Trotzdem kommen die meisten Absatzprogramme mit Wertmarken, Rabatten, Sonderverkäufen und einer Vielfalt von Angeboten daher. Wenn sie nicht funktionieren, kosten sie Sie Geld. Wenn sie funktionieren, bringen sie Ihnen die aufrichtigste Art von Komplimenten ein: Ihre Konkurrenten kopieren Sie.

Sie können nicht gewinnen, indem Sie es dem Kunden rechtmachen. Vergessen Sie die Angebote. Am liebsten wäre es dem Kunden, wenn Sie Ihr Produkt verschenkten.

Eine Taktik hingegen, die einem oder mehreren Ihrer Konkurrenten nicht recht ist, ist garantiert gut für Ihr Geschäft.

Vermeiden Sie die Taktik ›Geschmack des Monats‹

Eine verbreitete Taktik, die Sie tunlichst meiden sollten, ist ›mehr Auswahl‹. Manche Firmen haben ganze Absatzprogramme auf dem Leitsatz ›Geschmack des Monats‹ aufgebaut.

Wer wird am ehesten diesen tollen neuen Geschmack, diese erweiterte Produktpalette kaufen? Ihr bereits existierender Kunde natürlich. Nicht die Kunden Ihres Konkurrenten. Selbst wenn der neue Geschmack eine konkurrenzorientierte Wirkung hätte – raten Sie, wer ganz fix kopieren würde? Ihre Konkurrenten.

Einen Geschmack kann man sich nicht reservieren. Wer hat das Erdbeereis erfunden? Wer weiß? Ein neuer Geschmack ist nicht die gleiche Kategorie wie die Fotokopie.

Zudem bringt mehr Auswahl für den Verbraucher auch eigene Probleme mit sich. Eines ist Verwirrung. Welchen Geschmack soll ich kaufen? Das zweite ist Verfügbarkeit. Je mehr Geschmacksrichtungen das Produkt hat, desto wahrscheinlicher wird gerade der Geschmack ausgegangen sein, den ein Kunde haben will.

Als Coca-Cola noch Coca-Cola war, war es undenkbar, daß in einem Supermarkt die Coca-Cola ausgehen würde.

Jetzt, da Coca-Cola New, Classic, Diät, Kirsch, Diät-Kirsch, Koffeinfrei und Diät-Koffeinfrei ist, ist es viel wahrscheinlicher, daß in Ihrem Supermarkt die Coca-Cola ausgegangen ist, die Sie kaufen wollen.

Mehr Auswahl kompliziert die Kaufentscheidung für viele Produkte. Ist es leichter, einen Chevrolet zu kaufen, weil Chevrolet jetzt 10 Modelle in einer verwirrenden Vielfalt von Kombinationsmöglichkeiten für Karosserien und Motoren anbietet? General Motors brüstete sich einst, wenn alle Möglichkeiten der Kombination ausgeschöpft würden, könnte man eine Million verschiedene Chevrolets bestellen.

Mehr als die Hälfte der neuen Chevrolets werden aus dem Schaufenster des Händlers gekauft, und die Auswahl der Käufer beschränkt sich auf Unterlack und Wachspolitur (ja oder nein).

Wenn Sie sich selbst Konkurrenz machen

Wenn man den Markt in einer Kategorie beherrscht, macht man sich manchmal selbst Konkurrenz. In diesem Fall sollten Sie Produkte lancieren, die Sie selbst angreifen. Wenn Sie es geschickt anstellen, können Sie alles haben.

Gillette ist das beste Beispiel. Die Firma hatte den Markt für Einzelklingen mit Blue Blade in der Hand.

Dann griff Gillette sich mit Tandem selbst an. »Zwei Klingen rasieren besser als eine«, lauteten die Anzeigen für

Tandem. Die eine Klinge, die von dem Doppelklingen-Rasierer übertroffen wurde, war Gillettes eigene Blue Blade.

Dann führte Gillette Contour ein, den ersten Doppelklingen-Rasierer mit Schwingkopf. »Rasieren Sie sich mit einem starren Doppelklingen-Rasierer?« fragten die Contour-Anzeigen und meinten damit Gillettes eigenes Produkt Tandem.

Marktanteile über 50 % beruhen gewöhnlich auf einer Variation von Gillettes Strategie der Markenvielfalt.

Als Gillette Tandem einführte, hatte die Firma 55 % des Marktes für Naßrasierer. Heute hat Gillette fast zwei Drittel des Marktes – eine beachtliche Leistung angesichts der erbitterten Konkurrenz von Schick, Wilkinson und anderen.

Verwechseln Sie Gillettes Taktik nicht mit Coca-Colas Ausweitungen der Produktpalette. Die sieben Colas werden alle unter dem Namen Coca-Cola vermarktet und verwirren dadurch den Verbraucher.

Natürlich tragen Tandem und Contour beide das Wort ›Gillette‹ kleingedruckt auf Verpackung und Rasierer. Der Name Gillette hat eine Funktion im Vertrieb. An ihm erkennt der Handel zum Beispiel, wo er nachbestellen muß.

In dieser Hinsicht ist es wie der Name General Motors auf einem Chevrolet. Der entscheidende Markenname ist immer noch Chevrolet.

Einfach ist besser als komplex

Zwar bewundert die Menschheit Komplexität, aber die meisten Verbraucher nehmen sich selten Zeit zu dem Versuch, alles herauszubekommen. Einfache Ideen sind leichter umzusetzen, und die Verbraucher finden sie leichter zu verstehen.

Allzu oft versuchen Firmen, die Verbraucher mit einer überwältigenden Palette von Komplexität zu beeindrucken, statt ihnen die einfachen Ideen zu verkaufen, die sie kaufen wollen.

Vor mehreren Jahren führte Xerox in dem Bemühen, seinen absackenden Ruf am Markt für Bürosysteme aufzumöbeln, mit massiven Reklamewellen eine Palette neuer Produkte ein. Xerox mietete das Vivian Beaumont Theatre im Lincoln Center von New York und packte die Bühne mit einer komplexen Anordnung von Bürosystemen voll. Es war ein Versuch, die Zuschauer mit Technologie zu überwältigen.

Das Ergebnis war eine Präsentation, die zwar überwältigte, aber weder die Medien noch die Verbraucher überzeugte. Sie war einfach zu komplex, um begriffen zu werden.

Warum tun die Xeroxe dieser Welt solche Dinge? Typisches Top-Down-Denken. Sie wollten den Markt mit dem Konzept beeindrucken, daß Xerox eine Hauptrolle im Geschäft der Büroinformation zu spielen gedachte.

Vergraben in diesem Haufen von Produkten war ein neuer Laserdrucker, der gleichzeitig ein Kopierer war, der Laser CP. Diese einfache Taktik, ein Computerdrucker, der gleichzeitig Kopierer ist, hätte allein viel besser gewirkt als die komplexe Produktpalette von Druckern bis zu Computern, die Xerox tatsächlich einführte.

Ein gutes Beispiel für den Wert der Einfachheit ist der Radiosender, der nach einer Möglichkeit suchte, sich von seinen Konkurrenten abzuheben. Er fand, daß die Leute die neuesten Wetterberichte so schnell wie möglich haben wollen, und so wählte er die Taktik, die Zahl der Wetterberichte in jeder gesendeten Stunde zu erhöhen.

Dann ging der Sender ins Fernsehen und warb für die Idee häufigerer, topaktueller Wetterberichte.

Es funktionierte. Er zog mit einer Taktik, die nicht einfacher hätte sein können, an seinen Konkurrenten vorbei.

Warum haben die Konkurrenten die Taktik nicht kopiert? Das hätten sie natürlich tun können; aber der Sender, der es zuerst tut, hat immer den Vorteil, wenn er schnell genug vorgeht, um die Idee für sich zu reservieren.

Anders, aber nicht unbedingt besser

Wenn man gegen ein eindeutig besseres Produkt antritt, kann man das Marketing vergessen.

Zum Beispiel der 914er Kopierer für normales Papier: Er war den Thermokopierern von 3M und Kodak deutlich überlegen. Wie erwartet wurden Thermofax und Verifax vom Markt gefegt, ebenso wie die Düsenflugzeuge die Propellermaschinen aus dem Flugzeugmarkt fegten. Es war wie ein Kampf mit Mike Tyson. Es fand in einem Ring statt, aber es war kein Boxkampf.

Die Prinzipien des Marketings zu lernen, ist nutzlos, wenn man mit einem Thermokopierer gegen einen Xerokopierer antritt.

Zum Glück gibt es das eindeutig überlegene Produkt sehr selten. Ist ein BMW besser als ein Volvo? Wer weiß? Verschieden sind sie allerdings.

Volvo hat seine Strategie auf dem Begriff ›Langlebigkeit‹ aufgebaut und in den USA die Taktik angewandt, sechs Autos übereinander zu stapeln. BMW hat seine Strategie in den USA auf ›the ultimate driving machine‹, ›das Höchste an Fahrgefühl‹ aufgebaut.

Der Konkurrent, gegen den BMW antrat, war Mercedes. Beides waren teure deutsche Autos, aber Mercedes war zuerst dagewesen und hatte sich die Position ›überlegene Technik‹ gesichert.

Hätte BMW seine deutschen Rivalen mit der Idee ›bessere Technik‹ angreifen sollen? Hätte BMW Mercedes mit einer Kampagne schlagen können, die auf der patentierten Wirbelkammer von BMWs Turbo-Dieselmotor beruhte?

›Besser‹ ist ein subjektiver Begriff. Deshalb ist es immer sinnvoller, den Konkurrenten nicht an seiner starken Seite anzugreifen.

Was ist der Unterschied zwischen einem BMW und einem Mercedes? Der Unterschied liegt nicht beim Auto; er liegt beim Fahrer. Der ältere Fahrer zog den etablierten, teureren Mercedes vor. Der jüngere Fahrer zog den neueren, weniger teuren BMW vor.

Jüngere Fahrer ziehen BMW auch deshalb vor, weil ältere Mercedes vorziehen. Übrigens ist das auch der Grund, warum die ›Pepsi Generation‹ so wirksam ist.

Was ist das wesentliche Merkmal jüngerer Fahrer? Sie fahren schneller (gehen Sie mal an die Front, zum nächsten ›Ampel-Grand Prix‹, und prüfen Sie es nach). Soll Mercedes doch die bessere Technik haben. BMW wurde ein großer Erfolg durch die Nutzung der Position ›Fahrgefühl‹.

Vor einigen Jahren ist BMW mit seiner Siebener-Linie in Mercedes-Territorium eingedrungen. BMW beginnt, seinen Brennpunkt zu verlieren – eine Entscheidung, die seine ganze Produktpalette untergraben könnte.

Ein Konzept ist besser als ein Produkt

Marketing ist heute eine Schlacht der Konzepte, nicht der Produkte. Der wahre Maßstab der Taktik ist, ob man ein Konzept, eine treibende Idee hat, oder nicht. Wie Walter Wriston sagte: »Ideen sind die neue Währung in den amerikanischen Unternehmen.«

Die Computerindustrie ist ein gutes Beispiel für die Macht eines Konzepts. Zum erstenmal in ihrem Leben hat IBM Konkurrenten, die ihr im Büromarkt Schwierigkeiten machen. DEC, das mit seinem ›Einplatz-Betriebssystem‹ Minicomputer verkauft, ist besonders gefährlich geworden.

Am anderen Ende der Skala hat Apple begonnen, mit dem Konzept ›Desktop Publishing‹ Fortschritte zu machen. Diese Idee hat die Fantasie vieler Anwender beflügelt und trägt dazu bei, daß viele Macintosh-Computer an die tausend größten Firmen verkauft werden.

Wenn Sie Marketingleiter bei IBM wären – was würden Sie gegen diese neue Konkurrenz unternehmen?

Nun, bislang hat IBM die Taktik ›besseres Produkt, bessere Verkaufsgespräche, massive Werbung‹ verfolgt, um den Markt zurückzugewinnen, den sie einst beherrschte.

Keiner strickt die ›Wenn schon, denn schon‹-Masche besser als IBM (es ist hilfreich, so viele Mittel zu haben wie IBM). Die Firma führte nicht einen und nicht zwei neue PCs ein, sondern eine ganz neue Generation, den Personal System/2. Außerdem begann sie, nicht für ein, nicht für zwei, sondern für fünf verschiedene mittelgroße Computersysteme zu werben. Sie verstärkte ihr Verkaufspersonal dramatisch und schickte Tausende von zusätzlichen Verkäufern ins Feld. Selbst ihr Präsident, John Akers, legte sich in die Riemen, traf sich mit Kundengruppen und versprach ihnen, IBM würde künftig ihren Vorschlägen und Klagen mehr Gehör schenken.

Die IBM-Werbeleute wollten auch nicht zurückstehen und rührten gewaltig die Werbetrommel. Charlie Chaplin bekam die Tür gewiesen und wurde nicht von einem, nicht von zwei, sondern von allen Schauspielern aus M.A.S.H. ersetzt, darunter Alan Alda, der Gerüchten zufolge mit 10 Millionen Dollar unter Vertrag steht.

Bislang hat dieser ganze Aufwand DEC und Apple nichts ausgemacht; sie weisen nach wie vor erhebliche Zuwächse am Büromarkt aus.

Und IBMs Einführung von ›Personal Publishing‹ ist anscheinend fast unbemerkt geblieben: Die Unternehmen kaufen weiterhin Apples ›Desktop Publishing‹ im großen Stil.

Trotz aller Macht und Stärke bleibt IBM nur ein Schritt – ein offensichtlicher.

Zuerst aber muß IBM die Natur der Schlacht erkennen. In der Computerindustrie sind die Waffen von jeher Ideen und Konzepte.

IBM führte als erste das Konzept ›Datenverarbeitung‹ mit Großrechnern ein. DEC setzte der Idee des Großrechners das Konzept des ›Minicomputers‹ entgegen, der für Büroarbeiten einsetzbar war.

Dann verlegte sich Apple auf den ›Personal Computer‹ für zu Hause und für die Schule. IBM beanspruchte den ›Büro-PC‹ für sich. Andere Mitspieler bauten Firmen auf Konzepten auf. Wang war erfolgreich mit der ›Textverarbeitung‹. Cray gedieh mit ›Supercomputern‹. Tandem hob mit seinen ›Dual Processing‹-Systemen ab. Compaq hatte mit kleinen ›Tragbaren‹ Erfolg. All diese großen Gewinner hatten eines gemeinsam: Sie hatten eine Idee, ein zugkräftiges Konzept.

IBM versäumte es, die Computergeschichte zu deuten. In den letzten Jahren hat sie immer weniger von einem Konzept her gearbeitet. Sie hat am Markt eine Produktstrategie verfolgt. IBM-Werbung zeigt eine ganze Palette von Produkten und verheißt: »Was immer Sie auch wollen: Wir haben es.« IBMs Grundbotschaft an die Kunden ist: »Wir finden die beste Lösung für Sie.«

Die Schwäche dieser Vorgehensweise liegt darin, daß die Kunden oft nicht wissen, was sie wollen, besonders in einer High-Tech-Kategorie. Die Kunden kaufen, was sie ihrer Meinung nach haben sollten. Und wenn sie meinen, sie sollten Konzepte wie ein ›Einplatz-Betriebssystem‹ oder ›Desktop Publishing‹ haben, machen DEC und Apple das Geschäft.

IBM bleibt nur der Schritt, diese Konzepte mit einem eigenen Konzept zu bekämpfen.

Ein Konzept für Papier

Ein Konzept wie ›Desktop Publishing‹ schafft manchmal als Nebeneffekt einen Markt für andere Produkte oder Dienstleistungen. Material, das einst außerhalb einer Firma gedruckt wurde, kann jetzt direkt vom Schreibtisch aus produziert werden. Berichte und Dokumente, die Tage brauchten, können jetzt in Stunden hergestellt werden.

Nehmen wir an, Sie sind eine clevere junge Frau oder ein ebensolcher Mann, zuständig für Marketing in einer großen Papierfirma, die diesen Trend erkannt hat. Ihr Marschbefehl von oben lautet, eine neue Marke für Geschäftspapier zu lancieren. Leider gibt es mit diesem Befehl Schwierigkeiten, weil es auf dem Markt bereits eine lange Reihe Konkurrenten mit Markenpapieren gibt. Firmen wie Hammermill, Nekoosa, Boise Cascade, Champion und Mead.

Dieses Papier wird zum größten Teil von Papierhändlern verkauft. Ihr Ausgangspunkt bei der Suche nach einer Taktik sollte deshalb sein, herauszufinden, was sich bei den Händlern verkauft. Sie werden finden, daß deren ›Hausmarke‹ sich besser verkauft als Ihre Marke.

Aber es gibt nicht nur schlechte Nachrichten. Sie stellen fest, daß einige Großabnehmer, die über EDV drucken, für ihre Maschinen eine bessere Qualität Offsetpapier bestellen.

Heureka! Das ist ein interessanter Denkansatz für den Wettbewerb. Lancieren Sie als Flankenaktion eine Marke für das oberste Ende der Skala (Orville Redenbacher Gourmet-Papier für den Laserdrucker). Diese Marke wird von höherer Helligkeit und Dichte sein und auf den Einsatz bei wichtigen Dokumenten zielen.

Im Grunde müssen Sie dem Kunden nahelegen, zwei verschiedene Sorten Maschinenpapier für die Firma vorrätig zu halten. Eine für die interne Alltagsarbeit. Und einen für die Arbeit nach außen.

Jetzt wissen Sie, wie Sie vorgehen müssen, und Sie haben ein zugkräftiges Konzept, das Sie viel weiter bringen sollte als bis zum Papierlieferanten.

Den Honig gibt es nicht ohne Fliegen

Eine Figur in Machiavellis Drama *La Mandragola* sagt: »Den Honig gibt es nicht ohne Fliegen.« Zu jedem positiven Denkansatz für den Wettbewerb gehört ein negativer.

Es ist ebenso wichtig, für den negativen Denkansatz etwas zu tun wie für den positiven. Der negative sorgt für die Glaubwürdigkeit Ihrer Taktik.

Kaufhäuser haben festgestellt, daß ihre Sonderangebote mehr Zuspruch finden, wenn die Waren als ›zweite Wahl‹ oder ›Restposten‹ deklariert werden. Diese Worte geben dem Verbraucher einen Grund für den niedrigen Preis. Es ist bekannt, daß manche Läden die ›erste Wahl‹ nachschieben, um den Sonderverkauf für ›zweite Wahl‹ zu verlängern.

Ein Discount-Geschäft nennt sich aus eben diesem Grund in den USA oft ›Fabrikabgabestelle‹. Oder es schafft vielleicht eigens eine Lagerhaus-Atmosphäre mit billigen Tischen und billiger Einrichtung.

Als Charles Schwab seine Discount-Maklerfirma lancierte, betonte er die Tatsache, daß seine Firma keine Verkäufer oder Kontakter zur Kundenberatung hatte. Niemand von Charles Schwab rief je an, um einem etwas zu verkaufen. Wenn man es geschickt anstellt, kann man einen negativen Faktor so verkaufen, daß er oft wie ein positiver klingt.

Wie die Anzeigen von Charles Schwab besagen: »Wo ist der Haken? Was gebe ich auf, um diese großen Rabatte bei der Kommission zu bekommen?«

»Nun, es gibt nur einen Haken, und zwar diesen: *Wir geben Ihnen keine Investitionsberatung.*«

Es mag schön klingen zu sagen: »Wir haben alles, was unsere Konkurrenten haben – zu einem geringeren Preis.« Aber wo ist der Haken?

Genau das werden Ihre potentiellen Kunden sagen. Deshalb müssen Sie aus Gründen der Glaubwürdigkeit den Haken ebenso publik machen wie das Versprechen.

Was sagt ein niedriger Preis über das Produkt aus? Genau. Versuchen Sie mal, in New York eine goldene Rolex für 50 Dollar auf der Straße zu verkaufen, und Sie werden sehen, was der niedrige Preis aussagt. Entweder ist die Uhr unecht oder gestohlen oder beides.

»Der VW-Käfer von 1970 wird noch länger häßlich sein.« Das war eine schlagkräftige Aussage, denn sie war psychologisch einleuchtend. Wenn Sie das Negative zugeben, ist der Verbraucher geneigt, Ihnen das Positive zuzugeben. Was die VW-Käufer aufgaben, war Design. Was sie dafür bekamen, war Unverwüstlichkeit.

›Made in Korea‹ ist das Negative, das den niedrigen Preis für Hyundai Excel plausibel macht. Es beantwortet die Frage: »Wie kann der Excel etwas taugen, wenn er so billig ist?«

»Das teuerste Parfum der Welt«

Das Parfüm Joy verwendet diesen Slogan. Tatsächlich ist ein hoher Preis der Haken, der eine Qualitätstaktik glaubwürdig macht.

Was sagt ein hoher Preis über ein Produkt aus? Genau. Das Produkt ist sehr viel wert. Letzten Endes wird der hohe Preis ein Vorzug des Produktes selbst. Das ist einer der starken, motivierenden Faktoren beim Erfolg vieler Flankenaktionen am obersten Ende der Skala: Mercedes, Absolut Wodka, Grey-Poupon-Senf, um nur drei Beispiele zu nennen.

Absolut Wodka verdeutlicht dies. Er ist 50 % teurer als Smirnoff und weist ein unglaubliches Wachstum auf. In vier Jahren hat sich der Absatz verdoppelt. Absolut hat jetzt den viertgrößten Wodka-Absatz in den USA, mehr als eine Million Kisten jährlich. Absolut ist keine Modeerscheinung, denn der Gesamtabsatz an Wodka ist nur geringfügig gestiegen.

Wenn ein hoher Preis ein Vorteil für jedes Produkt ist, das nicht zum Alltagsbedarf gehört, warum dann nicht jedes Produkt so teuer wie möglich machen? Da draußen gibt es massenhaft Leute, die mehr Geld als Verstand haben.

Der Grund ist das Umkehrverhältnis zwischen Preis und Nachfrage. Je höher der Preis, desto niedriger die Nachfrage. Rolls Royces sind ›mehr wert‹, weil sie teurer sind. Aber sehr wenige werden verkauft, weil die meisten Menschen sie sich nicht leisten können.

Man muß den Preis gegen die Nachfrage abwägen. Man kann eine Menge mehr verdienen, wenn man eine Million preiswerter Fords verkauft, als wenn man tausend teure Rolls Royces verkauft.

Der Preis ist nur eines der taktischen Elemente, die man bedenken muß. Es gibt noch viele andere. In einer Kategorie, die voller kleiner Produkte ist, könnte man einen wettbewerbsorientierten Denkansatz in größerem Format finden. In einer von femininen Marken beherrschten Kategorie könnte es ein maskulines Produkt sein.

Oder man könnte wie Sony eine Taktik in der Kleinheit finden. Oder in einer femininen Marke wie ›Kim‹.

Innerhalb Ihres eigenen Unternehmens werden Sie allerdings keine konkurrenzfähige Idee finden. Sie müssen hinuntergehen an die Front, um eine zu suchen.

Kapitel 6

Wie Sie Ihre Strategie entwickeln

Es ist Zeit, Ihre Taktik zu einer Strategie auszubauen.

Die Kette Little Caesar's für Pizza zum Mitnehmen entwickelte ein Sonderangebot ›Zwei für eine‹. Das war die Taktik – der wettbewerbsorientierte Denkansatz – die sie wählte, um Pizza Hut, Godfather und die anderen Ketten zu bekämpfen.

Normalerweise sind Sonderangebote zeitlich begrenzt. Sie dauern vielleicht einen Tag, eine Woche, einen Monat. Sie sollen zum Ausprobieren anregen. Man gibt den Verbrauchern ein gutes Angebot, um das Produkt zu probieren, und vielleicht werden einige von ihnen zu Dauerkunden bei regulären Preisen.

Das ist normalerweise das Schicksal der meisten Taktiken. Sie kommen und gehen wie Ebbe und Flut.

Little Caesar's aber entwickelte die Taktik zur Strategie und machte das Sonderangebot ›Zwei für eine‹ zur Dauereinrichtung. Der Schlüsselbegriff ist ›Dauer‹. Um eine Taktik zu einer Strategie auszubauen, muß man die Zutat ›Zeit‹ hinzugeben. Man muß einen Weg finden, die Taktik in das Gewebe der Organisation zu integrieren und zum strategischen Schlüsselkonzept, zum Lebensinhalt des Unternehmens zu machen.

›Zwei für eine‹, Little Caesar's Slogan, wurde zu einer kohärenten Marketing-Ausrichtung. Little Caesar's wurde mit dieser simplen Strategie eine der erfolgreichsten Pizzaketten. Die meisten anderen Pizzaketten waren gezwungen, ein ›Zwei für eine‹-Angebot auf ihre Speisekarte zu nehmen. Diese Reaktionen der Konkurrenz blieben jedoch auf der taktischen Ebene. Pizza Hut kann es sich zum Beispiel nicht leisten, sich auf ›Zwei für eine‹ umzustellen. Damit könnte die Kette ihre erstklassigen Standorte, ihre aufwendige Einrichtung, die Gehälter für Kellner und Kellnerinnen usw. nicht bezahlen.

Little Caesar's bietet natürlich nur Pizza zum Mitnehmen. Damit das Konzept ›Zwei für eine‹ über einen längeren Zeitraum funktioniert, muß die Kette sich auf billige Standorte und begrenzten Service beschränken.

Die andere Pizzakette, die eine Taktik erfolgreich zur Strategie ausgebaut hat, ist Domino's. Die Taktik, die Domino's Geschäft vorantreibt, ist die Lieferung nach Hause in 30 Minuten oder schneller.

Der traditionelle Top-Down-Prozeß stellt die Fragen in der ›logischen‹ Reihenfolge: (1) Welche Art Essen wollen wir verkaufen und (2) wie lange würde die Lieferung dauern?

Der Bottom-up-Prozeß ist genau umgekehrt. Die Konzentration auf eine Taktik stellt den Planungsprozeß auf den Kopf. Welche Art Essen können wir verkaufen, das in den Lieferzyklus von 30 Minuten paßt?

Um die Garantie erfüllen zu können, reduzierte Domino's die Anzahl der Pizzagrößen auf zwei und die der Beläge auf sechs. Sie verkaufen nur ein Getränk, eine Cola.

Das Wesentliche bei der Entwicklung einer Strategie aus einer Taktik liegt darin, Veränderungen am Unternehmen oder am Produkt vorzunehmen und nicht zu versuchen, die Umwelt zu verändern.

Die Taktik ist Ihr Denkansatz für den Wettbewerb. Er mag ›Zwei für eine‹, ›Lieferung in 30 Minuten‹ oder wie auch immer heißen. Wenn Sie Ihre Taktik zu einer Strategie machen, besteht die Herausforderung darin, diese unbeirrte Klarheit über einen längeren Zeitraum aufrechtzuerhalten. Das ist nicht einfach. Der Druck geht dahin, die Strategie abzuwandeln, um andere Produkte oder Ideen einzubeziehen. Das schwächt und verwässert die Durchschlagskraft einer kohärenten Marketing-Ausrichtung.

Exxon wollte Systeme der Büroautomation verkaufen, aber die Verbraucher wollten keine Bürosysteme von

Exxon kaufen. Sie wollten sie von IBM und Digital Equipment kaufen.

Kein Problem. Exxon ist eine reiche Ölgesellschaft, die mehr Einnahmen hat als IBM und DEC zusammen. Exxon würde eine Werbekampagne für viele Millionen Dollar lancieren und die Verbraucher von der Qualität seiner Produkte und dem Ernst seiner Absicht überzeugen.

Team Exxon zog eine Niete. Man kann den Markt nicht ändern. Man muß sich selbst ändern, um sich dem anzupassen, was der Markt kaufen will, und, noch wichtiger, von wem er es kaufen will.

Sie müssen also zuerst eine Taktik finden, die funktioniert. Massive Werbeprogramme sind kein Ersatz für eine einfache, wirksame Taktik.

Eine kohärente Marketing-Ausrichtung

Wenn Sie mit einer einzigen Taktik anfangen und sie zu einer Strategie ausbauen, beschränken Sie sich auf eine einzige Marketing-Maßnahme. Dieser Prozeß führt zu einer kohärenten Marketing-Ausrichtung.

Der Bottom-up-Marketingprozeß schließt viele gängige Strategien aus. Strategien, die zu allgemein, zu verschieden, zu schwierig in der Durchführung sind, fallen automatisch fort, wenn man von unten nach oben denkt.

Die meisten Unternehmensstrategien wurzeln nicht in der Realität. Sie sind in keinem wirklichen Sinne des Wortes durchführbar.

»Wir wollen Marktführer bei Luxusautos sein«, scheint Cadillacs Strategie zu sein. Diese Art Denken führt zu einer vollständigen Palette von Wagen am obersten Ende der Skala, einschließlich Cimarron und Allanté, die beide strategische Katastrophen sind, weil taktisch nicht fundiert.

Immer wieder führt die zu breite, zu optimistische, zu generelle Strategie zu einem Morast taktischer Fehler. Wer aber zahlt die Zeche, wenn die Strategie falsch ist?

Gewöhnlich ist es nicht der General, der die Strategie

entworfen hat. Die Feldkommandeure, die beauftragt sind, die Strategie taktisch umzusetzen, bekommen gewöhnlich die Prügel.

Ronald Reagan wurde nicht gerichtlich für seine Iran/Contra-Strategie zur Verantwortung gezogen. Die Männer hingegen, die die Taktik durchführten, hatten weniger Glück. Oliver North, John Poindexter, Richard Secord und Albert Hakim kamen vor Gericht.

Die Kraft der alleinigen Maßnahme

Wenn man von unten nach oben arbeitet, hat man am Ende unweigerlich *eine* Taktik und eine einzige Strategie. Dann zwingt man sich zur Konzentration auf eine einzige, zugkräftige Marketing-Maßnahme.

Dies ist die wichtigste Konsequenz des Bottom-up-Denkens. Es ist der Kern eines guten Marketing-Ansatzes.

Wenn man von oben nach unten arbeitet, wenn man mit einer Strategie anfängt und dann die Taktik entwickelt, hat man am Ende unweigerlich viele verschiedene Taktiken.

Die meisten davon erweisen sich natürlich als unwirksam. Wie könnte es anders sein? Sie wurden nicht gewählt, weil sie funktionieren; sie wurden gewählt, um die Strategie zu ›unterstützen‹.

Außerdem macht die Existenz vieler verschiedener Taktiken das gesamte Absatzprogramm inkohärent und damit unwirksam.

Warum meinen Marketing-Leute, zwei Maßnahmen seien besser als eine? Würde ein Boxer gleichzeitig mit der linken und der rechten Hand ausholen? Würde ein General gleichzeitig an jedem Punkt der Front angreifen? Niemals.

Würde ein Marketing-General alle Märkte gleichzeitig mit allen Produkten angreifen? Ja, das tun sie ständig, aber nie sonderlich wirksam.

Firmen, die daran glauben, gleichzeitig an allen Fronten draufzudreschen, glauben gemeinhin auch an den 12- oder 16-Stunden-Tag.

Ihre Religion besagt, mehr Einsatz sei das Geheimnis des Erfolgs (falls es Ihnen nicht aufgefallen ist: Hertz ist noch immer weit vor Avis).

Die Hoffnung aber hört nie auf für viele 12-Stunden-Marketingleiter. Sie klammern sich an den Glauben, ihre Leute seien irgendwie besser, und mit ein bißchen mehr Einsatz, ein bißchen mehr Produktverbesserung oder mit besserer Werbung werde die Wahrheit ans Licht kommen und ein Konkurrent besiegt werden. Ihre Strategie besteht oft in dem Versuch, das Gleiche zu tun wie der Marktführer, nur etwas besser. Es ist, als sagte ein General, wir müßten alle ein wenig härter kämpfen, wo immer wir auch kämpfen wollen, und dann würde alles gutgehen.

Mehr Einsatz ist nicht das Erfolgsgeheimnis im Marketing. Die Geschichte lehrt, daß es genau umgekehrt ist. Erfolgreiche Generäle studieren die Situation und suchen nach jenem einen, kühnen Schlag, den der Feind am wenigsten erwartet. Es ist schwer, einen solchen Schlag zu finden. Mehr als einen zu finden, ist im allgemeinen unmöglich.

Der militärische Stratege und Schriftsteller B. H. Liddell Hart nennt diesen kühnen Schlag ›die Linie der geringsten Erwartung‹. Die Alliierten landeten in der Normandie, an einer Küste, die die Deutschen wegen ihrer Gezeiten und Klippen für ungeeignet zu einer größeren Landeaktion hielten.

Ebenso ist es im Marketing. Es gibt oft nur eine Stelle, an der ein Konkurrent verwundbar ist. Und auf diese Stelle sollten die gesamten Invasionskräfte konzentriert werden. Das ist die Taktik, die Sie suchen, um sie zu einer Strategie zu machen. Wenn Sie sie finden, müssen Sie Ihre Strategie von unten her aufbauen. Sie müssen Ihre Taktik nehmen und die Mittel Ihres ganzen Unternehmens für die Kampagne einsetzen, um sie zu nutzen.

General Motors umfahren

Die Automobilbranche ist ein interessantes Beispiel. Seit Jahren lag die Hauptstärke des Marktführers in der Mitte der Front.

Mit Marken wie Chevrolet, Pontiac, Oldsmobile, Buick und Cadillac schlug General Motors Frontalangriffe von Ford, Chrysler und American Motors leicht zurück. GMs Dominanz wurde Legende.

Beim Marketing funktioniert das Gleiche wie beim Militär: die unerwartete Taktik.

Hannibal kam über die Alpen – eine Route, die zu bewältigen als unmöglich galt. Hitler umging die Maginot-Linie und schickte seine Panzerdivisionen durch die Ardennen – ein Terrain, das nach Einschätzung der französischen Generäle für Panzer unpassierbar war. Tatsächlich tat er das zweimal: einmal in der Schlacht von Frankreich und das zweitemal in der Ardennenschlacht.

Seit dem Zweiten Weltkrieg gab es zwei starke Aktionen gegen GM. Beide umgingen die ›Maginot-Linie‹ der GM.

Die Japaner kamen am untersten Ende der Skala mit Kleinwagen wie Toyota, Datsun und Honda. Die Deutschen kamen am obersten Ende mit Autos der Spitzenklasse wie Mercedes und BMW. Mit keinen anderen Aktionen hätte man gegenüber General Motors spürbar an Boden gewinnen können.

Durch den Erfolg der Angriffe von Japan und Deutschland war GM unter Druck, Mittel in die Befestigung der unteren und oberen Enden zu leiten. Um Geld zu sparen und die Gewinne zu behalten, traf GM die fatale Entscheidung, viele seiner Mittelklassewagen mit demselben Karosserie-Styling zu bauen. Das war eine typische Top-Down-Entscheidung. Plötzlich konnte niemand einen Chevrolet von einem Pontiac, Buick oder Oldsmobile unterscheiden. Sie sahen alle gleich aus.

Das schwächte GM dramatisch in der Mitte und ermöglichte Ford den Durchbruch mit seinen europäisch gestylten Modellen Taurus und Sable.

Wenn man die Situation bei General Motors von unten

her betrachtet, ist die taktische Lösung für das Problem offensichtlich. GM braucht in jeder Preisklasse einen anderen Namen und ein anderes Aussehen.

Wenn man diese Taktik zu einer Strategie ausbaut, kommt man zu Alfred P. Sloans ursprünglichem Konzept für General Motors zurück. Was Sloan entwickelt hat, hätte Smith nicht ändern sollen. »Wir gehen nach dem Sloan-System vor«, denken Sie vielleicht. »Wir haben ein anderes Produkt für jede Preisklasse. Wir geben unseren Produkten nur keinen anderen Namen. Wir nehmen den Firmennamen, denn so ist es wirksamer. Wie erreichen wir die Marktdurchdringung mit GM?«

Gar nicht. Ihre Strategie ist nicht von unten her aufgebaut. Sie beruht nicht auf einem wettbewerbsorientierten Denkansatz, einer Taktik, die funktioniert. Es scheint eine solche Kleinigkeit zu sein: ein anderer Name für jedes Produkt. Aber alle Taktiken sind Kleinigkeiten.

Wenn die Strategie ein Hammer ist, so ist die Taktik ein Nagel. Beachten Sie, daß die Durchdringung vom Nagel geleistet wird, nicht vom Hammer.

Sie können den mächtigsten Hammer der Welt haben (die Strategie), aber das Absatzprogramm wird nicht funktionieren, wenn nicht der richtige Nagel getroffen wird (die Taktik).

Die ganze strategische Macht der GM wird BMW mit einem Produkt namens Buick Regatta nicht einmal einen Kratzer beibringen. Die Taktik ist falsch.

»Es ist nur ein Name«, denken Sie vielleicht. »Es ist eine Kleinigkeit.«

Sie haben in beidem recht. Taktiken sind Kleinigkeiten, die man zu Strategien ausbaut; und das sind dann große Dinge. Es ist ein faszinierender, umgekehrter Prozeß, der märchenhafte Absatzerfolge bewirken kann.

GM ist Geschichte. Eine einfache Schlußnote.

Das wirkliche Problem bei Coca-Cola

Werfen wir einen Blick auf den weiter andauernden Kampf zwischen Coca-Cola und Pepsi Cola. Was kann Coca-Cola tun, um aus seinem kostspieligen Grabenkrieg gegen Pepsi herauszukommen?

Zur Zeit kämpft Coca-Cola an zwei Fronten, mit Classic und New Coke. Classic hat seine ursprüngliche Stärke zum größten Teil zurückgewonnen; New Coke hingegen (ein Edsel aus Atlanta) kommt nur knapp über die Runden.

Nur um zu illustrieren, wie ›knapp‹: Im Herbst 1988 waren die beiden Marken zusammen an der Börse noch immer einen Punkt niedriger notiert als Coca-Cola 1983, als der ganze Schlamassel begann.

Seit damals hat Coca-Cola eine endlose Parade taktischer Ideen durchgemacht, um gegen Pepsis jugendorientierte ›Pepsi-Generation‹ aufzuholen.

Jedes Jahr sieht man einen anderen Slogan für Coca-Cola: »We have a taste for you.« »The real choice.« »Catch the wave.« »Red, white, and you.« »You can't beat the feeling« (zum Vergleich: Die ›Pepsi-Generation‹ ist 25 Jahre alt).

Keine der taktischen Ideen von Coca-Cola hat gezündet. Man kann damit rechnen, daß die Parade der Ideen noch eine Weile weitergehen wird.

Jeden Tag könnten jetzt die Chefs von Coca-Cola in einen Konferenzraum in Atlanta hineindefilieren und die Wand mit wieder einer neuen Auswahl Slogans tapezieren. Coca-Colas Spitzenmanager werden dann herumsitzen und das neueste Bündel kreativer Initiativen diskutieren, bis sie sich über ihren nächsten Versuch einigen – dem wir das gleiche Schicksal prophezeien wie anderen unsterblichen Zeilen der Machart »We have a taste for you«.

Coca-Cola kann die Antwort auf ihre Probleme nicht in Atlanta finden. Sie muß hinuntergehen an die Front.

Wenn man in das Denken des Verbrauchers schaut, so gibt es nur eines, was Coca-Cola tun muß. Es ist ein doppelter Schritt: erst zurück und dann vorwärts.

Als erstes muß die Firma in den sauren Apfel beißen und New Coke fallenlassen. Nicht, weil New Coke ein Flop oder eine Peinlichkeit ist, sondern weil es Coca-Cola daran hindert, ihren taktischen Vorteil in der Wahrnehmung des Verbrauchers zu nutzen.

Wenn New Coke erst einmal sanft in den Archiven schlummert, könnte Coca-Cola das Konzept ›the Real Thing‹ wieder bringen. Wenn Sie an Coca-Cola denken, denken Sie dann nicht, daß sie die ›echte Cola‹ ist?

Wenn Coca-Cola (auf Wunsch der Allgemeinheit) dieses Konzept neu aufgelegt hat, ist sie in der Lage, es gegen die ›Pepsi-Generation‹ anzusetzen und Pepsi Cola aus dem Kühlschrank zu fegen.

Um das zu tun, muß Coca-Cola nur ins Fernsehen gehen und der Pepsi-Generation sagen: »Okay, Leute, wir zwingen euch zu nichts. Aber wenn ihr soweit seid, haben wir das Echte für euch.«

Das wäre der Anfang vom Ende der Pepsi-Generation. Wie jeder Vater, jede Mutter Ihnen sagen wird, will kein Sprößling von über zehn Jahren eine Imitation. Sie wollen das Echte – seien es nun Baseball-Schläger, Barbiepuppen, Jeans, Turnschuhe oder Colas.

Die Firma verändern, nicht den Markt

Die Situation bei Coca-Cola illustriert einen Schlüsselaspekt des Bottom-up-Marketings. Will man aus einer Taktik eine Strategie aufbauen, so muß man bereit sein zu Veränderungen sowohl am Produkt als auch an der Firma. Dem Markt kann man keine Veränderung aufzwingen.

Eine Marketing-Taktik ist ein Denkansatz. Sie muß an der Wahrnehmung des Kunden ansetzen. Dort hält sich die eine, unerschütterliche Idee, daß Coca-Cola die ›echte‹ Cola ist, ›the real thing‹. Coca-Cola sollte New Coke fallenlassen, weil sie diese mächtige taktische Idee untergräbt.

Oft ist allerdings das Ego im Weg. New Coke fallenzulassen, käme einem Eingeständnis vor der Wirtschaftswelt gleich, daß Coca-Cola einen Fehler gemacht hat. Und die Leute in Atlanta wissen, daß ihre Erzfeindin Pepsi Cola unter den ersten sein wird, die das herausstreichen. Das wird nicht durch einen Brief oder Anruf geschehen, sondern in Form ganzseitiger Zeitungsanzeigen im ganzen Land.

Coca-Cola sollte ihre Verluste vergessen. »Vergangenheit verteidigen«, sagt Peter Drucker, »ist weit riskanter als Zukunft schaffen.«

Manchmal kann eine ausgezeichnete Strategie am Zusatz eines Elementes scheitern, das die taktische Stärke eines Konzepts unterläuft.

Stellen Sie sich vor, Sie arbeiten für die Holiday Corporation, und Sie haben die Taktik und die Strategie für einen neuen Hoteltyp erarbeitet, der mit Marriott und Hyatt konkurrieren soll. Und Sie haben sich einen wunderbaren hochpreisigen Namen einfallen lassen: Crowne Plaza. Nicht übel.

Aber siehe da, der oberste Chef der Holiday oder einige seiner Handlanger wollen den Firmennamen daranhängen und ›Holiday Inn Crowne Plaza‹ daraus machen.

Oje, hin ist Ihre Idee. Der Name Crowne Plaza wird auf das Niveau des Holiday Inn hinuntergezogen.

Vielleicht räumt das Management sogar ein, daß diese Vorgehensweise die taktische Durchschlagskraft Ihrer Kampagne schmälern könnte. Aber Strategie zuerst, Taktik danach. Man muß sich eben mehr anstrengen. Sie rechtfertigen ihre Entscheidung ferner mit einem Zitat aus dem Strategiepapier der Firma: »Wir werden unsere Stärke nutzen, indem wir den Namen Holiday Inn für alle unsere Objekte verwenden.«

Es fruchtet gewöhnlich nicht, diese Art Entscheidungen anzufechten. »Das ist ein taktisches Detail«, sagt das Holiday-Management. »Mit einem bißchen mehr Einsatz kann man das umgehen.«

Stimmt nicht. Die Taktik diktiert die Strategie. Die taktische Seite einer Schlacht um Marktanteile besteht aus

Details. Ist der Nagel nicht gerade, dann ist die Schlacht verloren.

Wenn man eine Strategie aufbaut, kann man nicht aufgrund von Firmenrücksichten die Taktik ändern. Manchmal reicht sogar eine kleine Änderung aus, damit der Hammer den Nagel verfehlt.

Kapitel 7

Eine Strategie für Avon

Der Drang zu diversifizieren ist ein Grundtrieb in der Wirtschaft Amerikas. In vielerlei Hinsicht ist er für eine Heerschar von Firmen die beherrschende Unternehmensstrategie. Außerdem tritt dieser Drang in allen möglichen Situationen auf: Wenn es einer Firma gutgeht, will sie erweitern, um ›unseren Firmen- oder Markennamen zu nutzen‹. Geht es einer Firma schlecht, will sie auf anderen Wiesen weiden, wo das Gras grüner ist.

Beide Strategien sind typisch Top-Down. Und beide schaffen gewöhnlich Probleme.

In guten Zeiten führt die Strategie eine Firma in die ›Falle der erweiterten Produktpalette‹, wie wir es nennen. In schlechten Zeiten kann die Strategie, in neue Bereiche zu diversifizieren, ebenso viele Probleme schaffen wie die Ausweitung der Produktpalette.

Avon ist ein Beispiel für den zweiten Fall. Sein Stammgeschäft lief schlecht, und so kaufte Avon ein paar Parfumfirmen.

Wenn es richtig rangeht

Leider leben wenige Führungskräfte nach dem Motto: »Wenn es richtig rangeht, gehen die Richtigen ran.«

Sie haben ihre eigene Version dieser alten Maxime. Sie lautet: »Wenn es richtig rangeht, finde jemand anderen, der rangeht.«

Nachdem bei dem Versuch, den Karren umzudrehen, ein paar Leute geopfert wurden, die gerade gelegen kamen, sagt die nächste Managerrunde dem Vorstand, der Markt sei flau. Man könne keine Wiederkehr des Glanzes von einst erwarten, denn der Markt habe sich verändert. So wird der Schritt des Unternehmens auf die andere Seite des Zaunes vorbereitet.

Als nächstes liest man dann von den Neuerwerbungen. Das Management konzentriert sich auf Nachbarmärkte, wo ihm das Gras viel grüner vorkommt.

All dies sind schlechte Vorzeichen für das Stammgeschäft. Andere Manager spüren, daß das Top-Management das Interesse verliert, und beginnen, ihre persönliche Karriereplanung einer sorgfältigen Prüfung zu unterziehen. Keine kühnen Aktionen werden lanciert, und das Unternehmen rutscht in eine Haltung des ›Erntens‹ hinein, wo viel mehr herausgeholt als hineingesteckt wird.

Manchmal muß man sich der Tatsache stellen, daß es mit einem Geschäft bergab geht. Aber wenn Ihr Geschäft nicht auf eine Mode aufbaut, verschwindet es nicht über Nacht. Zudem kommen Sie vom Regen in die Traufe, wenn Sie neuen Märkten nachjagen, die schon von anderen beherrscht sind. Geben Sie lieber das Geld für eine spürbare Aufwertung des Stammgeschäfts aus, das Sie dominieren. Wenn Sie den Kurs wechseln, könnten Sie Chancen übersehen, die direkt vor Ihrer Tür liegen.

Avon-Aktuell

Die Geschichte von Avon hat etwas damit zu tun. Avon, lange Zeit Marktführer bei an der Haustür verkaufter Kosmetik, tat sich zunehmend schwer, denn immer mehr derartige Produkte kamen von den schwer erreichbaren Parfümerien in die sehr gut erreichbaren Drogerien und Einzelhandelsketten.

Obendrein war die Dame des Hauses tagsüber nicht da, um an die Tür zu gehen (›Klingeling, Avon-Aktuell‹).

Der direkte Verkauf an das Kleinbürgertum verlor langsam an Glanz, als die Kategorie flau und ›reif‹ wurde.

Das war einer der Gründe, warum Avon begann, über den Zaun auf das höchst profitable 2-Milliarden-Dollar-Geschäft mit Düften der gehobenen Klasse zu schielen.

Dem, was es da sah, konnte Avon nicht widerstehen. In kurzer Zeit lancierte man den Duft Cathérine Deneuve im Einzelhandel und kaufte die Giorgio Inc. Ein paar Monate später kaufte Avon Parfums Stern, den Vermarkter von Perry Ellis Herrenparfum, und Oscar de la Renta, Ruffles und Valentino-Parfums für Frauen.

Die Logik war fehlerlos. Avons Schritt in Designer-Düfte, die über Kaufhäuser vermarktet werden, war im Vorstandszimmer sicher nicht schwer zu verkaufen. Immer weniger Frauen sind zu Hause: Sie sind außer Haus, bei der Arbeit. Und berufstätige Frauen haben mehr Geld zum Ausgeben denn je.

Und das Gras ist viel grüner. Wie James Preston, der Leiter der Avon-Beauty Group gesagt haben soll: »Wo sonst findet man vor Steuern Margen um die 13, 16 % und Kapitalrenditen hoch in den Zwanzigern?«

Nehmen wir an, Sie würden zum neuen Marketing-Manager bei Avon ernannt. Was würden Sie tun? Was würden Sie in den Vordergrund stellen?

Sich den eigenen Problemen stellen

Ihre Aufgabe ist gewaltig. Erstens sind Avons neue Konkurrenten – Estée Lauder und Calvin Klein – alte Hasen in diesem mode- und trendabhängigen Geschäft. Zweitens haben Designer-Düfte in den letzten Jahren einen flauen Markt gehabt. Drittens ist die Werbung bei Designermarken der gehobenen Klasse ganz anders als Avons gewohnte Bemühungen. Mit Geheimnis und Fantasie wird ebenso gewuchert wie mit Geld.

Es ist klar, daß dieses schwierige Unterfangen eine Menge Aufmerksamkeit von Ihnen braucht, wenn es Erfolg haben soll. Was geschieht währenddessen mit Ihrem Stammgeschäft? Das ist eine sehr wichtige Frage, denn Avons Kosmetik ist der größte Teil Ihres Geschäfts.

Avon hat in den letzten Jahren an Boden verloren. Sein Marktanteil in Kosmetik ist um 33 % gesunken (von 12 % auf 8 %). Trotz der Chancen, die die neuen Parfum-Akquisitionen darstellen, meinen wir, Sie sollten sich zuerst um das Stammgeschäft kümmern, die Kosmetikprodukte.

Wo setzen Sie an? Wo finden Sie eine Taktik, die das Stammgeschäft vorantreibt?

Was ist Avon?

Natürlich setzen Sie bei der Wahrnehmung der Käuferin an. Und Sie stellen als erstes eine grundlegende Frage: »Was ist Avon?« Oder genauer: »Ist Avon ein Produkt oder ist Avon ein Absatzweg?«

Sie ahnen vielleicht, daß die Vorstellung von Avon noch immer in dem Slogan zusammengefaßt ist: »Klingeling, Avon-Aktuell«. Weil Avon inzwischen für so viele Körperpflege- und Make-up-Produkte steht, meinen Sie vielleicht, daß Avon eher als Vertriebsweg denn als Hersteller wahrgenommen wird. Wahrscheinlich haben Sie recht.

Avon repräsentiert die Möglichkeit, Kosmetikprodukte zu Hause oder am Arbeitsplatz zu kaufen. Sagen wir, Avon ist ein Vertriebsweg. Zum Glück ist Avon darin auch einzigartig. Man kann viele verschiedene Shampoos kaufen, aber nur eine Marke kann zu Hause bestellt und geliefert werden: Avon.

Wenn Ihre Eindrücke zutreffen, muß Ihre Taktik darauf aufbauen, für Avons Vertriebsweg zu werben, nicht für Avons Produkte.

Ihre Werbung sollte Ihren Vertriebsweg wichtiger machen. Wenn Ihre Avon-Beraterin einmal hereingelassen wird, kann sie eine Reihe verschiedener Produkte verkaufen. Hoffentlich werden darunter die mit der größten Marge sein.

Wenn Avon ein spießiges Image hat, dann muß das an den Avon-Beraterinnen liegen. Schließlich repräsentieren sie die Firma. Die Schlüsselfrage ist: Wie repositionieren Sie Ihre Beraterinnen? Wie werten Sie auf, was sie vertreten, damit die Verbraucherinnen einen Grund haben, den Avon-Vertriebsweg zu wählen?

Je besser dies gelingt, desto besser sind natürlich Ihre Chancen, den Prozentsatz der Kosmetikprodukte zu steigern, den Ihre Kundinnen von Avon-Beraterinnen kaufen.

Ein Blick zur Konkurrenz

Eine Taktik ist ein wettbewerbsorientierter Denkansatz. Wenn Avon ein Vertriebsweg ist, was ist dann Avons Konkurrenz? Welche anderen Vertriebswege konkurrieren mit Avon? Es gibt zwei Hauptkonkurrenten:

1. *Die Parfümerie.* Wenn der Preis keine Rolle spielt, kann sich eine Frau in einer Parfümerie bezüglich individueller Kosmetik beraten lassen.
2. *Die Drogerie-Abteilung.* Wenn der Preis eine Rolle spielt, kann eine Frau in ein Geschäft gehen, das Massenware umsetzt, und sich aussuchen, was sie will. Service wird nicht geboten.

Der dritte Kanal ist Avon. Was Sie repräsentieren, ist Bequemlichkeit. Eine Frau kann eine Avon-Vertreterin anrufen oder einen Avon-Katalog ansehen und aussuchen, was sie will. Avon liefert.

Wenn man Ihren sinkenden Marktanteil betrachtet, sieht es so aus, als ob die anderen beiden Vertriebswege die Schlacht gewinnen.

Wenn Avon Anteile zurückgewinnen will, müssen Sie es zwischen Parfümerie und Supermarkt positionieren. Ihr Vertriebsweg sollte etwas von der Schönheitsberatung einer Parfümerie bieten, aber zu Preisen, die erheblich näher an Supermarktpreisen liegen. Hier sind zwei Vorschläge, die in Wirklichkeit zwei Seiten einer einzigen taktischen Münze sind.

Die Avon-Schönheitsberaterin

Diese Vorgehensweise erfordert, daß die Avon-Vertreterin eine persönliche Schönheitsberaterin wird, im Gegensatz zu einer Vertreterin, die nur Kataloge verteilt und Bestellungen annimmt.

Natürlich ist Schulung ebenso wichtig wie Werbung, um diese Rolle sichtbar zu machen. Dieser Teil ist die Strategie, die die Taktik der persönlichen Schönheitsberaterin vorantreiben würde.

Wegen der Vielfalt der angebotenen Produkte und Farben nehmen Sie vielleicht an, daß Kosmetik eine Menge Verwirrung im Denken der Verbraucherin stiftet. Das Konzept persönliche Schönheitsberaterin könnte diesem Problem entgegenwirken.

Der Avon-Schönheitscomputer

Zu dem Konzept Schönheitsberaterin gehört ein neues technisches Gerät, das die Avon-Vertreterin wirklich zur persönlichen Schönheitsberaterin machen könnte.

Sie könnten in Betracht ziehen, Ihre produktivsten Beraterinnen mit Schönheitscomputern auszustatten. Dieser kleine Computer wäre auf Dinge wie Hauttyp und Haarfarbe programmiert und könnte der Beraterin helfen, Produkte für die Kundin auszusuchen, die dafür sorgen, daß sie ›bezaubernd‹ aussieht. Er könnte ein Terminal sein, der über Telefonleitung an Zentralrechner oder regionale Minicomputer angeschlossen ist.

Der Avon-Schönheitscomputer könnte Ihre Beraterinnen unterstützen und zudem eine zugkräftige Werbeidee sein, um den Vertriebsweg verkaufen zu helfen. Die Werbetaktik sollte die Geschäftsstrategie vorantreiben.

Im wesentlichen ist es der Schönheitscomputer, der die Avon-Beraterin zur persönlichen Schönheitsberaterin statt zur Vertreterin macht.

Vielleicht arbeitet man bei Avon schon am Schönheitscomputer. Das sollte Sie nicht überraschen, denn die Idee liegt nahe. Die Frage ist, in welchem Maße das Unternehmen hinter dem Konzept steht.

Um die Taktik zu einer Strategie auszubauen, müßte es einiges an Zeit und Geldmitteln investieren. Dies ist die Klippe, an der das Konzept wahrscheinlich scheitert.

Mit Ihrem Bottom-up-Denken haben Sie gerade Avons Top-Management in ein Dilemma gebracht. Sie haben dem Vorstand eine große Investition in Designer-Düfte entlockt, und nun wollen Sie wieder an den Firmensafe, um in neue Technik und Schulung zu investieren.

Ein Vorstandsmitglied könnte Sie fragen, wie beide Aktivitäten mit begrenzten Mitteln zu finanzieren wären? Ihr neuer Vorstoß im Einzelhandel könnte ernsthaft in Frage gestellt werden und einiges Unbehagen verursachen.

Wenn diese Befürchtungen dem Firmenchef durch den Kopf gehen, könnten Sie Ihren neuen Marketing-Job bei Avon los sein.

Kapitel 8

Sie müssen etwas ändern

Eine Taktik zur Strategie ausbauen heißt immer: etwas ändern. Wie im Beispiel Avon geht es nicht darum, den Markt zu verändern. Was Sie verändern müssen, ist das Unternehmen oder seine Produkte.

Was ist eine feste Größe, und was ist veränderbar? Der Markt ist eine feste Größe, denn Ihre Absatzbemühungen können an seiner Struktur oder am Käuferverhalten nicht viel ändern. Auch das Denken des Verbrauchers können Sie nicht wesentlich ändern.

Die Hoffnung aber hört nie auf in der Brust der Marketing-Fachleute. Sie glauben, sie könnten das menschliche Verhalten mit den Mitteln der Werbung ändern. Das ähnelt dem Versuch, das Wetter zu ändern, indem man die Türen offenläßt.

Die Werbebranche spendet jährlich Werbezeit und Anzeigen im Wert von 500 Millionen Dollar für den Krieg gegen illegale Drogen. Die Gegner, die Drogendealer und Großhändler, geben nichts aus, obwohl ihre Mittel enorm sind.

Die Drogen zu stoppen ist ein sehr schwieriges Unterfangen. Etwaige Kampagnen können nicht mehr bewirken, als die Nachfrage in gewissem Umfang zu schwächen. Durchschlagendes Marketing ist kein Ersatz für menschliche Wünsche und Sehnsüchte.

Sie können nicht gegen den Markt ankämpfen. Das Ziel Ihrer Absatzprogramme sollte nicht sein, das Denken der Menschen zu verändern. Das Ziel Ihrer Absatzprogramme sollte sein, einen ›unfairen‹ Vorteil aus den Ideen und Wahrnehmungen zu ziehen, die latent in den Köpfen sind.

›Unfair‹ ist eine andere Definition für den ›Vorsprung‹, den das Programm durch die Marketing-Strategie bekommt. Es ist das, was der Trainer seiner Fußballmannschaft gibt.

Marketing-Fachleute widersetzen sich oft Veränderungen, die von äußeren Ereignissen oder Bedingungen diktiert werden. Sie nehmen sich Shakespeares Rat zu Herzen: »Dies über alles: sei dir selber treu.« Sie vergessen, daß diese Worte von Polonius gesagt wurden, und man weiß ja, wie es ihm erging: Hamlet erstach ihn durch den Wandschirm.

Der Versuch, den Markt zu ändern

Top-Down-Strategieplanung enthält fast immer die Notwendigkeit einer Veränderung am Markt. Der Plan schlägt fehl, weil die Veränderung nicht möglich ist.

In der Kriegskunst geht es ganz ähnlich. Hitlers Südstrategie an der russischen Front erforderte 1942, daß Stalingrad erobert wurde, um den Weg zu den russischen Ölfeldern im Kaukasus freizumachen. Stalingrad konnte allerdings nicht von Generaloberst Friedrich Paulus eingenommen werden.

So manchen Top-Down-Absatzplan ereilt das gleiche Schicksal wie Paulus' 6. Armee am Don. Der Plan wird aus den Angeln gehoben, weil er ein einziges Element in der Wahrnehmung des Käufers nicht überwinden kann. Xerox' großangelegte Strategie, ins Computergeschäft einzusteigen, zerbrach an der hartnäckigen Vorstellung, daß Xerox Kopiergeräte bedeutet, nicht Computer. »Wir können diese Vorstellung ändern«, sagten die Machthaber bei Xerox.

Nein, das konnten sie nicht. Etliche Milliarden Dollar später bedeutet Xerox noch immer Kopiergeräte. (Unter dem Strich ist das eine feine Sache für Xerox.)

Wesentlich am Bottom-up-Marketing ist, daß man die festen Größen im Denken akzeptiert und die notwendigen Veränderungen innerhalb der Firma vornimmt.

Versuchen Sie nicht, mit Gewalt ins Denken zu gelangen. Mit *Veränderung* gelangen Sie ins Denken. Um es mit den klassischen Worten eines Geschäftsführers in einem Herrenmoden-Geschäft zu sagen: »Stellen Sie das blaue Licht an. Der Mann will einen blauen Anzug.«

Versuchen Sie nicht, ihn zu überzeugen, daß er in einem braunen Anzug besser aussähe, obgleich das wahr sein kann.

Im Bottom-up-Prozeß sind die veränderbaren Größen immer innerhalb der Firma. Und die erforderlichen Änderungen sind nicht immer von welterschütternder Tragweite. Manchmal geht es nur darum, das blaue Licht anzustellen.

Den Namen ändern

Im Laufe der Zeit werden manche Namen altbacken. Nehmen wir zum Beispiel Western Union. Dieses Unternehmen, 1851 gegründet, führte das Telegramm ein, das ein Jahrzehnt später das Ende des Pony Express bedeutete. Dieses Unternehmen ist im Begriff, sich sein eigenes Ende zu bereiten, weil es sich weigert, die erforderlichen, grundlegenden Änderungen vorzunehmen.

Hundert Jahre nach der Gründung von Western Union war das Telegramm noch immer die tragende Säule seines Geschäfts. Aber die Zeiten änderten sich, und die Firma versuchte, mit der Zeit zu gehen.

Die Western Union schoß den ersten Satelliten für private Telekommunikation ins All. Sie war Pionier im elektronischen Postdienst mit Mailgram und dann mit Easy Link, ihrem Computer-Kommunikationsdienst.

Nachdem Millionen von Dollar ausgegeben waren, um all diese elektronischen Dienste zu lancieren – was war die Vorstellung der Öffentlichkeit von Western Union? Genau: ein Junge auf einem Fahrrad, der ein Telegramm bringt.

Auch der Telegrammdienst selbst erhielt keine guten Noten von der Öffentlichkeit. »Wir wußten, daß es ein getürktes Telegramm war«, hieß es in einem angesehenen Nachrichtenmagazin, »denn es kam pünktlich und war ohne Tippfehler.«

Stellen Sie das blaue Licht an. Western Union braucht einen neuen Namen.

Statt den Namen zu ändern, kämpfte Western Union lieber gegen die Vorstellung an. Das Unternehmen steckte Millionen in die Werbung und in die Einführung der neuen Dienste.

So sprach der Vorsitzende im Frühjahr 1984: »Unsere neuen Dienste – Easy Link, elektronische Post, Worldwide Telex, Airfone und Netzfunk – sichern Western Union einen Platz an der vordersten Front unserer Branche. Wir werden das Geschäft weiterführen, das wir aus der Vergangenheit ererbt haben, aber gleichzeitig auch weiterhin einen steten Strom neuer Dienste fördern.« Der stete Strom hat nichts genützt, und Western Union geht weiterhin langsam im Westen unter.

Namen passen nicht ein für allemal

Namen müssen in das Denken des Verbrauchers hineinpassen. Wie bei Western Union passen sie oft eines Tages nicht mehr.

Mit der Verbreitung des tödlichen AIDS-Virus ging der Absatz der AYDS-Diätbonbons um 50 % zurück. Lösung: Namensänderung.

Allegheny Airlines brachte es zu nichts, bis es seinen Namen in ›USAir‹ änderte (daß die Passagiere die Fluggesellschaft ›Agony Airlines‹ nannten, war nicht eben hilfreich).

Alphonso D'Abruzzo kam nicht beim Fernsehen an, bis er seinen Namen in ›Alan Alda‹ änderte.

Bevor Haloid seinen Kopierer für normales Papier einführte, hängte es ›Xerox‹ an seinen Namen.

Ralph Lipshitz hatte nur das Hemd, das er trug, bevor er seinen Namen in ›Ralph Lauren‹ änderte.

Die Pferdemakrele blieb auf den Docks liegen, bis ein einfallsreicher Bostoner Händler beschloß, sie statt dessen ›Thunfisch‹ zu nennen.

Ein Marktforscher klebte ein Sanyo-Etikett auf ein elek-

tronisches Gerät von RCA und bat 900 Leute, es mit einem
identischen Gerät mit RCA-Etikett zu vergleichen. 76 %
sagten, das Sanyo-Produkt sei besser.

Kämpfen Sie nicht gegen die vorgefaßten Meinungen
des Verbrauchers an. Stellen Sie lieber das blaue Licht an.

Sambo's Restaurantkette versuchte, für ihren Namen zu
kämpfen. Sambo's, einst Amerikas größte Kaffeehauskette
mit mehr als 1000 Filialen, endete im Bankrott. Ein rassi-
stischer oder sexistischer Name kommt heute nicht an.
Wenn Sie einen haben – ändern Sie ihn.

Wenn Ihr Name die Taktik nicht unterstützt, die Sie zu
einer Strategie ausbauen, dann ändern Sie Ihren Namen.
Das ist eines der Schlüsselelemente der strategischen Seite
des Bottom-up-Prozesses.

Namensänderungen sind verbreiteter, als Sie vielleicht meinen. In letzter Zeit lag der Jahresrekord bei 1753
US-Firmen, die ihren Namen änderten.

Das Produkt oder die Dienstleistung ändern

Dies ist die Änderung, die am häufigsten notwendig ist,
wenn man eine Taktik am Strategie-Fahnenmast hissen
will. Ein Beispiel ist die Bank, die eine interessante taktische Chance in ihrer Autofinanzierung entdeckt. Ihre Konkurrenten brauchen 48 Stunden, um ein Kfz-Darlehen zu
bearbeiten, diese Bank hingegen nur 24 Stunden.

Ein Kfz-Darlehen in der halben Zeit ist keine üble Taktik
im Konkurrenzkampf der Banken. Angesichts der Art des
Geschäfts wäre es allerdings nicht lange eine exklusive
Dienstleistung.

Das ist immer das Schicksal einer Taktik. Funktioniert
sie nicht, verlieren Sie. Funktioniert sie, werden Sie kopiert.

Die Bank machte ihre Taktik des Kfz-Darlehens in
24 Stunden zu einer Strategie. Sie stellte alle ihre Prozeduren um, um schneller zu arbeiten. Sie verlegte die Ent-
scheidungskompetenz hinunter auf die lokale Ebene. Eins

ihrer Darlehensvergabe-Teams kann ein Geschäftsdarlehen von 10 Millionen Dollar genehmigen, und dieses Team tritt täglich zusammen. Sobald diese Veränderungen durchgeführt waren, lancierte die Bank ein Absatzprogramm, um sich als ›die schnelle Bank‹ zu positionieren.

»Zeit ist Geld«, lautete eine Anzeige. »Niemand sollte eine Bank überfallen, und die Banken sollten niemanden aufhalten.«

Die Bank reservierte sich das Konzept ›Schnelligkeit‹, und dadurch hielt sie gleichzeitig die Konkurrenz davon ab, das Konzept zu kopieren.

Konkurrenten kopieren eine Taktik ohne Skrupel. American Airlines führte AAdvantage ein, das Programm für Vielflieger. Aber das hinderte fast keine andere Fluggesellschaft daran, eigene Pläne für Vielflieger einzuführen.

Mit Strategien ist es etwas anderes. Eine gute Strategie ist schwer zu kopieren. Würden die Leute der Autovermietung National Car Rental der Welt erzählen, daß sie sich ›mehr anstrengen‹?

Aufgrund fehlender Produktdisziplin verpassen viele Firmen die Chance, den taktischen Erfolg eines ›Produkts‹ zu einer langfristigen Unternehmensstrategie auszubauen.

Sony zum Beispiel war Pionier für das Konzept ›Kleinheit‹ in der Elektronik. ›Tummy TV‹ (Bauchfernsehen) lautete der berühmte Sony-Slogan.

Sony hatte das Potential, das Konzept ›Kleinheit‹ in der Elektronik zu dominieren. Statt dessen stürzte Sony sich in große Fernseher, einschließlich einer 122-cm-Projektionswand. Volkswagen machte einen ganz ähnlichen Fehler.

Die Disziplin, die Einführung neuer Produkte auf ein begrenztes strategisches Feld zu beschränken, geht den Managern der meisten Unternehmen leider ab. Sie wollen alles. »Wir haben die kleinen. Jetzt los, wir wollen auch die großen«, ist das typische Szenario einer Firma, die dann schließlich gar nichts hat.

Den Preis ändern

Wir hätten sagen sollen: »Den Preis von vornherein richtig setzen.« Steht der psychologische Preis eines Produkts erst einmal fest, ist er nur schwer zu ändern.

Absolut verkauft wegen, nicht trotz des höheren Preises Wodka für 12 Dollar die Flasche (ca. 0,75 l). Der hohe Preis ist absolut notwendig, um das Produkt als Wodka der Spitzenklasse zu positionieren.

Ein anderes Produkt, bei dem der Preis stimmt, sind Bally-Schuhe. In den USA verkauft Bally sehr viele Schuhe am obersten Ende der Skala.

Wenn Sie in Ballys Herkunftsland, die Schweiz, fahren, stellen Sie einige interessante Tatsachen fest. Bally ist kein teurer Schuh. Bally ist kein billiger Schuh.

Bally macht Schuhe für alle Preisklassen. Mit seiner Hoch-Preis-Taktik konnte Bally eine wirksame Strategie für den amerikanischen Markt entwickeln.

Noch merkwürdiger ist die Situation bei Beefeater. In England, seinem Herkunftsland, ist Beefeater ein billiges Produkt. In den USA war kein Platz im Denken für einen weiteren billigen Gin. Also wurde Beefeater in Amerika ein teurer Gin. Er wurde ein sehr erfolgreicher teurer Gin; jährlich werden fast eine Million Kisten verkauft.

Das Denken ändern

Das Denken ist am allerschwierigsten zu ändern. Eine Vorstellung muß dabei ›vergessen‹ und eine andere ›erinnert‹ werden.

Haben Sie je versucht, etwas zu vergessen?

Was war der peinlichste Augenblick Ihres Lebens? Hat man Ihnen jemals etwas gesagt, das Sie tief verletzt hat?

Nun versuchen Sie, diesen Augenblick zu vergessen. Es geht nicht. Das ist der Kern des Problems, das Denken zu ändern. Zudem hat der Versuch, das Denken zu ändern, oft die gegenteilige Wirkung. Er bestärkt häufig eine zuvor vertretene Meinung.

Als Richard Nixon sagte: »Ich trete nicht zurück«, war die Öffentlichkeit anderer Ansicht. Jeder, der wie Nixon viermal sagt, er werde nicht zurücktreten, tritt mit Sicherheit eines Tages zurück.

Wenn jemand Ihnen sagt: »Ich bin ehrlich«, denken Sie das Gegenteil: Er muß glauben, daß ich ihn für unehrlich halte. Warum sonst hat er das gesagt?

Wir nennen dieses Phänomen ›die Implikation des Gegenteils‹. Was man sagt, impliziert das Gegenteil des Gesagten.

Wenn Sie heimkommen und Ihrem Ehepartner erzählen, Sie hätten sich nicht betrunken und seien nicht fremdgegangen, was wird Ihr Mann oder Ihre Frau wohl denken?

Wie versuchten die Leute bei Exxon, die Verbraucher zu überzeugen, daß sie ihre Bürosysteme nicht vom Markt nehmen würden? Sie erklärten in einem Werbeprogramm ihr ›Engagement‹ für den Markt. »Denken Sie daran«, lauteten die Anzeigen, »wenn Sie Exxon-Anlagen kaufen, kaufen Sie unser Engagement für Ihre Zukunft.«

Der Leser dachte: »Die müssen glauben, ich glaube, daß sie aus dem Markt gehen.« Was sie selbstverständlich taten.

IBM erklärt nicht in Anzeigen ihr Engagement in der Büroautomation. Täte sie es, würden die Kunden anfangen, sich Sorgen zu machen.

Sie sollten Ihre Marketing-Botschaften unter das Implikationsmikroskop legen. Drehen Sie die Botschaft um und schauen Sie, ob Sie das wirklich implizieren wollen. Da jede Aussage, die Sie machen, ihr Gegenteil impliziert, ziehen schrille Töne selten. Die Leser oder Zuschauer können die Botschaft zu leicht umkehren.

Wenn ein Autohändler schreit: »Wir verkaufen Autos wie wahnsinnig«, sagt sich die Verbraucherin oder der Verbraucher: »Die müssen glauben, ich denke, daß sie nicht viele Autos verkaufen.«

Wenn schrille Töne bei Werbung und Marketing nicht ziehen – was zieht dann? Einen wettbewerbsorientierten Denkansatz finden, der im Denken schon besteht. Es darf sogar ein negativer sein. Das ist die Werbetaktik für Sie, die zieht.

Versuchen Sie nicht, das Denken zu ändern.

Kapitel 9

Den Schauplatz verlagern

Wenn Sie dabei sind, die Schlacht zu verlieren – verlagern Sie den Schauplatz. Diese Maxime der Kriegskunst funktioniert beim Marketing ebenso wie auf dem Schlachtfeld.

Am Anfang des Zweiten Weltkrieges sah es für General Douglas MacArthurs Pazifik-Feldzug nicht gut aus. Er verlor Bataan, Corregidor und die Philippinen. In Pearl Harbor verlor er acht große Schiffe. Guam und Wake Island fielen, und beinahe verlor er Midway. In Australien drohte eine Invasion.

Statt frontal auf die Japaner zu stoßen, lenkte MacArthur seine Kräfte um in einen Feldzug von Insel zu Insel; so drehte er den Spieß im Pazifik um.

Das gleiche tat MacArthur im Koreakrieg. Statt von Pusan aus vorzustoßen, griff er bei Inchon von der Flanke her an und trieb die Nordkoreaner rasch bis nach China (vielleicht hat er da übertrieben).

Die Verlagerung des Schauplatzes ist eine Taktik, die zwar im Militär oft Verwendung findet, aber Wirtschaftsgenerälen ist sie anscheinend nicht geheuer.

Auf den Kriegsschauplätzen der Wirtschaft wollen die Leute lieber bis zum bitteren Ende frontal draufdreschen. Sie glauben an die Strategie ›wir müssen uns nur noch mehr anstrengen‹.

Bessere Produkte, bessere Werbung, bessere Schulung der Verkäufer, bessere Preispolitik, um nur ein paar beliebte ›Verbesserungen‹ zu nennen.

Die Unternehmen stecken endlose Zeit und Mühe in Konferenzen, deren Ziel es ist, Dinge zu verbessern. Trotzdem steigen die Marktanteile oft nicht, und es wird nicht besser.

Stellen Sie sich der Realität. So manches Mal müssen

Sie die Tatsache anerkennen, daß die Schlacht nicht zu gewinnen ist, und daß sich Victoria dem Feind zuneigt.

»Ein durchdringendes Auge«, sagt Clausewitz, »ist eine notwendigere und nützlichere Eigenschaft für einen General als Schläue.«

Selbst wenn es in der Schlacht nicht vorangeht, ist es einem militärischen General verhaßt, sich in einen kostspieligen Grabenkrieg einzulassen, wo die Zahl der Opfer weiter zunimmt und Gewinne kaum erreichbar sind. Deshalb entscheiden sich Generäle gewöhnlich rasch zum Manöver, um die Dinge zu ihrem Vorteil zu wenden.

Ein totes Pferd prügeln

Das genaue Gegenteil geschieht in der Wirtschaft. Die Manager schicken beharrlich weiter Truppen denselben Hügel hinauf. Sie mögen sich über den mangelnden Fortschritt beklagen, aber selten wollen sie sich geschlagen geben.

Die Haltung ›das schaffen wir‹ bekommt gute Noten im Unternehmen; ›Defätisten‹ hingegen werden als schlechte Mannschaftsspieler abgestempelt und bekommen schlechte Noten.

Einer von uns hatte eine persönliche Erfahrung, die diese Haltung veranschaulicht. Damals hatte er mit der Vermarktung von Uniroyal-Reifen zu tun. Bei einer großen Management-Konferenz sagte er, es sei höchst unwahrscheinlich, den Reifenkrieg gegen Marken wie Goodyear, Firestone, Goodrich und Michelin zu gewinnen. Da Uniroyal bei Pkw-Reifen Verluste machte, sei vielleicht eine Verlagerung des Brennpunktes auf Lkw-Reifen angezeigt, weil diese viel mehr Gewinn brachten. Diese Aussage wurde mit kalt starrenden Augen und knapper Kenntnisnahme quittiert. Zurück in die Schlacht war die Parole. Die Geschichte hat erwiesen, daß eine Verlagerung auf Lkw-Reifen keine schlechte Idee für Uniroyal gewesen wäre, denn die Verluste bei Pkw-Reifen stiegen so, daß die Firma schließlich gezwungen war, durch Verschmelzung zu verschwinden.

Der Grund für die Abneigung des Managements gegen eine Verlagerung des Schauplatzes ist die Tatsache, daß Veränderung gefragt ist. Veränderungen sind den Menschen selten angenehm. Diese Abneigung beruht wahrscheinlich auf der alten Maxime, daß ein Spatz in der Hand besser sei als eine Taube auf dem Dach. Leider berücksichtigt dieses alte Sprichwort nicht, daß da draußen jemand ist, der Ihnen den Spatz aus der Hand nimmt. Also sollten Sie lieber so schnell wie möglich aufs Dach gelangen, um die Taube zu bekommen.

Nicht alle Manager haben etwas gegen Veränderung. Es gibt offenbar mindestens vier erfolgreiche taktische Verlagerungen.

Die Zielgruppe verlagern

Zigarettenmarken sprachen früher Männer und Frauen gleichermaßen an. Dann lancierte Philip Morris Marlboro als Zigarettenmarke für Frauen.

Als Frauenmarke war Marlboro ein Mißerfolg. Aber statt eine aussichtslose Schlacht weiterzuführen, brachte Philip Morris den Cowboy in die Werbung und verlagerte den Brennpunkt auf Männer. Heute ist Marlboro weltweit die Zigarette Nummer 1.

Jahre später versuchte Philip Morris es wieder mit dem Frauenmarkt. Die Marke hieß Virginia Slims und wurde rasch ein großer Erfolg. Manchmal muß man nur den richtigen Zeitpunkt abpassen.

Was bei Zigaretten funktioniert, funktioniert auch bei Autos. Einst war Pontiac eine konservative Familienkutsche für ältere Leute. Pontiac konkurrierte mit anderen konservativen Autos wie DeSoto, Oldsmobile, Buick und Mercury.

In den sechziger Jahren kam John DeLorean an die Spitze von Pontiac. Es war DeLoreans glänzende Idee, die Pontiac-Zielgruppe von der Familie zur Jugend zu verlagern. Der GTO und der LeMans wurden aus der Taufe gehoben, und Pontiac fuhr auf die Spur für heiße Schlitten.

Heute baut Pontiac noch immer ›Abenteuer‹ für den jüngeren Autokäufer. Seit Jahren ist Pontiac GMs erfolgreichste Automarke.

Nicht nur die Jungen kaufen Pontiacs. Die Verlagerung hat auch ältere Käufer angezogen, die jung denken und handeln wollen.

Was bei Autos funktioniert, funktioniert auch bei Colas. Eine andere erfolgreiche Verlagerung zum jüngeren Käuferkreis war Pepsi Colas ›Pepsi-Generation‹. Pepsi überließ die Alten sich selbst und begeisterte die Sprößlinge mit Michael Jackson, Don Johnson und Lionel Ritchie.

Pepsi Colas Programm beruhte auf der Beobachtung: »Teenager wollen ihr eigenes Zeug. Sie wollen nicht euer Zeug.« Wenn Sie einen Teenager zu Hause haben, greifen Sie das nächste Mal, wenn er oder sie Platten heimbringt, wahllos eine heraus und sagen Sie: »Die Musik finde ich super. Das ist meine Lieblingsgruppe.« Ihr Teenager wird diese Platte nie wieder spielen.

Natürlich wurden nicht nur Jugendliche zu Pepsi-Trinkern. Die ›Pepsi-Generation‹ spricht Jugendliche aller Altersklassen an. Fünfundfünfzigjährige, die sich gern wie achtundvierzig fühlen wollen, trinken Pepsi.

Es war der Erfolg dieser Verlagerung, der Coca-Cola schließlich dazu verleitete, New Coke herauszubringen, ein süßeres Produkt, das die Pepsi-Generation ankratzen sollte (letzten Endes hat es nur Coca-Colas Ruf angekratzt).

Dies ist ein gutes Beispiel für den sekundären Nutzen einer taktischen Verlagerung. Im Krieg wie in der Wirtschaft zwingt eine erfolgreiche taktische Verlagerung die Konkurrenz zur Reaktion. Manchmal reagiert die Konkurrenz schlecht und schwächt ihre einst starke Position. Das eröffnet neue Chancen, die man nutzen kann.

Ein Weg, eine Taktik zu finden, ist die Analogie. Das heißt, eine Taktik, die in einer Situation funktioniert, funktioniert wahrscheinlich auch in einer anderen. Das Schema von Pepsi Cola läßt sich zum Beispiel auf Burger King übertragen.

Wie Pepsi ist Burger King zweiter hinter einer amerikanischen Institution. McDonald's ist eine machtvolle Absatzmaschine mit einem emotionalen Sicherheitsschloß an ihrem Markt. McDonalds hat sich in der Kategorie etabliert, die für amerikanische Institutionen wie Mutterschaft, Baseball bei Flutlicht und Apfelkuchen reserviert ist.

Früher eiferte Burger King seinem Hauptkonkurrenten nach. Erinnern Sie sich an den Magischen Burger King? Die meisten Amerikaner haben diesen königlichen Abklatsch von Ronald McDonald vergessen.

Anfang der achtziger Jahre verlagerte Burger King den Schauplatz. Das Ziel war nicht mehr, es besser zu machen als McDonald's, sondern McDonald's mit einem Programm wie ›gegrillt, nicht gebraten‹ *fertigzumachen*.

›Gegrillt, nicht gebraten‹ ist zwar eine wirksame Taktik, aber keine großartige Strategie. Sie ist nicht auf die emotionale Ebene gebracht worden, was nur eine großartige Strategie verträgt. Sie muß eingehämmert werden.

In gewisser Weise ist die Idee des Grillens über offener Flamme wie die ›Pepsi Challenge‹ (Pepsi-Herausforderung). Beide machen aus taktischen Gründen etwas anders.

Im Fall Pepsi sprach der süßere Geschmack die Teenager an, den Hauptmarkt für Colagetränke. Die Pepsi-Generation ist die strategische, emotionale Überhöhung der Taktik ›süßeres Produkt‹.

Die gleiche Idee kann umgekehrt für Burger King funktionieren. Was ist die Burger-Analogie zu den älteren Jugendlichen, die Coca-Cola trinken?

Es sind die noch Jüngeren, die in McDonald's verliebt sind. Gehen Sie hinunter an die Front und sehen Sie sich um. Jene Schaukeln und Rutschen und Ronald McDonalds kommen bei den Kleinen enorm gut an.

Diese Beobachtung ist eine Chance für eine Verlagerung der Zielgruppe von Burger King. Aber statt wie Pepsi an die jüngeren Jugendlichen zu appellieren, ist die naheliegende Strategie für Burger King, an die älteren zu appellieren.

»Groß genug für Burger King« (Grow up to BK) ist die strategische Weiterentwicklung der Grilltaktik. Um die Grilltaktik zu einer Groß-genug-Taktik zu machen, müßte

Burger King einiges ändern. Man müßte die Schaukeln und Rutschen abschaffen, die einige der Läden haben. Man müßte auch die Kinderteller von der Speisekarte nehmen.

Eine wirkungsvolle Art, die ›Groß-genug-Strategie‹ umzusetzen, ist der sogenannte ›Initiationsritus‹. In Burger Kings Fall könnte ein Initiationsritus der Zeitpunkt sein, wenn ein Jugendlicher kein Kind mehr ist. Zum Beispiel trifft ein Sextaner an seinem ersten Tag im Gymnasium auf ältere Gymnasiasten, die ihn zu einem Hamburger einladen.

»Bei McDonald's?« fragt der Jüngere.

»Du bist kein Grundschüler mehr«, sagt einer der älteren.

»Das ist ein Kindergarten«, sagt der zweite verächtlich. »Wir gehen mit dir zu Burger King.«

Würde durch eine solche Beschränkung der Zielgruppe nicht eine Menge Umsatz geopfert? Schließlich hat ein Hamburger-Restaurant ein breites Kundenspektrum, von Kindern bis zu Erwachsenen.

Das Ziel ist nicht der Markt

Einige der dramatischsten Marketing-Siege wurden durch die Anerkennung einer einfachen Tatsache errungen: Das taktische Ziel Ihres Werbeprogramms muß nicht mit dem Markt identisch sein.

Ein deutliches Beispiel dieses Prinzips ist die Werbung für Marlboro-Zigaretten. Wenn Sie gerade vom Mars gekommen wären, würden Sie denken, Amerika sei von Cowboys bevölkert. Entweder das, oder Cowboys rauchen unheimlich viele Zigaretten.

Obwohl die Anzeigen nur Cowboys zeigen, die die Marke rauchen, ist Marlboro die Zigarettenmarke Nummer 1 geworden, bei Frauen wie bei Männern. Das taktische Ziel ist nicht der strategische Markt.

Die Verbraucher nehmen Ihre Werbung nicht persönlich. Sie entnehmen der Botschaft vielmehr Ideen und Vorstellungen, die sie in ihrem eignen Leben gebrauchen können. Diese Ideen können in direktem Widerspruch zur ›offensichtlichen‹ Botschaft der Werbung stehen.

Rauchen ist eine maskuline Tätigkeit, bei Frauen wie bei Männern. Die Menschen rauchen Zigaretten, um ihre Männlichkeit zu betonen. Was ist ein besseres Symbol der Männlichkeit als der Cowboy? Es ist der Traum eines Jungen vom Paradies – Woche für Woche ohne Rasieren und Duschen.

Was auch immer die Mehrheit meint – für die entgegengesetzte Taktik ist immer Platz. Siehe den Erfolg der Virginia Slims.

Marketingleiter, die die Macht der Symbolik bei Tabak und Alkohol verstehen, lehnen sie bei ihren eigenen Produkten oft ab, weil sie glauben, sie seien für Symbolik zu seriös.

Stimmt nicht. Sehr wenige Produkte sollten auf den gesamten Markt zielen. Die meisten Programme würden von den emotionalen Chancen profitieren, die eine Beschränkung der Zielgruppe bewirkt. Wieder geht es um die Macht der Konzentration.

Pepsis Taktik im Colakrieg veranschaulicht, wie vorteilhaft es ist, auf den Kern statt auf den gesamten Markt zu zielen.

Coca-Colas Stärke ist ihre Tradition. Nur sieben Menschen in der Weltgeschichte kannten Coca-Colas Formel, die im Tresor der Trust Company in Georgia verschlossen ist.

Coca-Colas hundertjährige Tradition bedeutet auch: Je älter man ist, desto eher trinkt man Coca-Cola. Je jünger man ist, desto eher trinkt man Pepsi Cola.

Die Einschränkung der Zielgruppe auf einen Teil des Marktes ermöglicht es Pepsi, die Rivalität unter Geschwistern auszunutzen. Wenn der oder die ältere Coca-Cola trinkt, will der oder die Jüngere etwas anderes trinken.

Die ›Pepsi-Generation‹ hat zudem den Vorteil, auf den Kern des Marktes zu zielen. Teenager trinken mehr Brausegetränke als jede andere Altersgruppe. In gewisser Hinsicht sind Colas ein Produkt für Teenager.

Wer trinkt nach all diesem Einsatz Pepsi Cola? Alle. Alle Altersgruppen kaufen nämlich erhebliche Mengen Pepsi.

Sie mögen in der Presse von Coca-Colas Comeback gelesen haben. Aber die Zahlen erzählen die wahre Geschichte. Zur Zeit hat Coca-Cola in den USA etwa 10 % mehr Umsatz als Pepsi Cola. Theoretisch sollte der Marktführer doppelt soviel umsetzen wie Nummer 2. Daß Pepsi so dicht dranbleibt, ist ein enormer Sieg.

Das gleiche Prinzip läßt sich auf Burger King anwenden. Eine Teenager-Zielgruppe wird den Markt nicht umbringen. Hamburger sind ein Teenager-Produkt – für Jugendliche jeden Alters. Burger King ist ein Hamburger-Restaurant, das schicke Teenager – aller Altersklassen – anspricht.

Es gibt viele andere Produkte, bei denen die Zielgruppe absichtlich vom Markt abweicht. Die Zeitschrift Seventeen hat einen Namen und eine inhaltliche Perspektive, die speziell auf siebzehnjährige Jungen und Mädchen abgestimmt sind.

Aber wer liest *Seventeen*? Mädchen von 13, 14, 15 und 16 Jahren lesen sie. Wenn eine junge Frau 17 ist, ist sie gewöhnlich zu erwachsen für die Zeitschrift *Seventeen*.

Was ist der Markt für Personalausweise in den USA? Leute, die 18, 19 und 20 sind, die sind es. Wer 21 ist, braucht keinen Personalausweis.

Virginia Slims ist eine Zigarette, deren Zielgruppe emanzipierte und lebenslustige Frauen sind. Jede Anzeige zeigt eine Frau, die 25 und ›gut drauf‹ ist. Aber der Markt ist die Frau mittleren Alters, die sich diesen Lebensstil wünscht. Die durchschnittliche Raucherin von Virginia Slims ist eher 45.

Sowohl *Seventeen* als auch Virginia Slims appellieren an Wünsche, nicht an die Wirklichkeit.

Die Corvette ist ein Auto, das eine starke Position bei männlichen Teenagern und einen Markt bei den Junggebliebenen hat. Selbst wenn der Teenager eine gratis bekäme, könnte er sich die Versicherung nicht leisten, um sie zu fahren.

Johnson's Baby Shampoo hat einen gesunden Marktanteil bei Erwachsenen. Wäre es besser für die Firma, das Produkt ›Johnson's Shampoo für jedermann‹ zu nennen?

Natürlich nicht. Erwachsene nehmen Johnson's, weil es ein Baby-Shampoo ist. Aber diese Botschaft geht an vielen Marketing-Leuten vorbei, die jedermann ansprechen wollen.

Wer will ein Produkt kaufen, das jedermann kauft? Niemand.

Das Produkt verlagern

Manchmal muß man einsehen, daß man das falsche Produkt in einer Kategorie hat. Wenn Sie zum Beispiel im Krieg der Radiosender der Dritte Softrock-Sender am Markt sind, sitzen Sie mit wenig Optionen im Graben fest. Ihre beste Chance liegt wahrscheinlich darin, sich nach einem neuen Zuschnitt mit weniger Konkurrenz umzusehen. Dann finden Sie einen neuen Sendernamen und verlagern den Schauplatz mit einem neuen Produkt.

Genau dies war jüngst der Fall in New Yorks Radiokrieg. Der NBC-Sender für Softrock, WYNY-FM, begründete seinen Ruf Anfang der achtziger Jahre mit einem Musikprogramm, das Erwachsenen gefiel. Sein Marktanteil stieg auf den Popularitätsindex 5, und das bedeutete den 2. Platz auf dem heißumkämpften New Yorker Markt. Die jährlichen Gewinne betrugen 6 Millionen Dollar. Dann aber schlug die Konkurrenz zu. Einer der ersten 40 Sender, Z-100, nahm WYNY das jüngere Ende seines Publikums weg. Das ältere Ende ging zu WLTW-FM, einem Sender mit ›Unterhaltungsmusik‹. Leider kämpfte WYNY zu lange in dieser Schlacht. Bald verlor er 2,5 Millionen Dollar pro Jahr.

Dann hat WYNY den Schauplatz verlagert. Er stellte sich von Softrock auf Country-Musik um, denn damals gab es in New York keine Country-Sender. Seine Beliebtheit stieg rasch um mehr als einen Punkt auf dem Index.

Eine andere erfolgreiche ›Produktverlagerung‹ geschah

in der sehr wettbewerbsorientierten Filmindustrie. Walt Disney ist König der Familienfilme. Leider will in dieser weit offenen, sexuell befreiten Welt niemand außer den Kleinsten noch einen Familienfilm sehen. Filme für Erwachsene oder für Jugendliche in Begleitung Erwachsener bringen das dicke Geld. So verlegte sich Walt Disney auf Filme für Erwachsene, mit Filmen, die sich zwar Disney nannten, aber weit von der Mickymaus-Machart entfernt waren. Sie stürzten ab.

Das Studio entdeckte schnell, daß der Name Disney Teenager und Erwachsene abschreckte; sie wollten etwas gewagtere Sachen als diejenigen, für die Onkel Walt bekannt ist.

Da kam Ronald L. Miller, Walt Disneys Schwiegersohn, mit einer Strategie der ›Produktverlagerung‹. Er erfand ein Etikett für Erwachsenenfilme: Touchstone Pictures.

Dank Filmen wie *Down and Out in Beverly Hills, Three Men and a Baby* und *Who Framed Roger Rabbit?* ist Touchstone ein sehr erfolgreicher Filmproduzent geworden.

Nun hat die Firma zwei starke Teile: den Namen und das Produkt Disney für das Familiengeschäft und den Namen Touchstone für das Erwachsenengeschäft.

Bislang leben sie alle in Freuden, bis an ihr seliges Ende.

Den Brennpunkt verlagern

Oft muß man die Dinge straffen, um Erfolg zu haben. Mit anderen Worten: Man muß seine Interessen einschränken und einen Teil seines Geschäfts opfern.

Den Brennpunkt verlagern heißt, sich vom Generalisten zum Spezialisten zu entwickeln. Wenn es funktioniert, baut man dadurch ein noch größeres Geschäft auf. Den Brennpunkt verlagern könnte man auch als Marketing-Motto ›weniger ist mehr‹ bezeichnen.

Vor langer, langer Zeit gab es einmal eine kleine, regionale Möbelkette, die hatte ein Problem. Ihr Name war Love Furniture Store (Nein, sie handelte nicht mit Wasserbetten). Love Furniture Store verkaufte eine ganze Palette von Möbeln der mittleren Preisklasse: Stühle, Sofas, Couchtische, Kaffeetische und dergleichen.

Aber die Möbelwelt veränderte sich. Die großen Discounthändler wie Levitz kamen auf den Markt. Love Furniture wußte, daß ein Discounthändler, der alle Arten von Möbeln führte und sofort lieferte wie Levitz, kaum zu schlagen sein würde. Also beschloß Möbel-Love, seine Kräfte zu konzentrieren. Aber was konnte die Kette opfern?

Love beschloß, Schränke aufzugeben: Küchenschränke, Bücherschränke, Wandschränke (diese Produkte hatten den Nachteil langer Lieferzeiten).

Love konzentrierte sich auf Stühle und Polstermöbel. Ohne die Schränke konnte Love kürzere Lieferzeiten bieten.

Aber eine Konzentration der Kräfte funktioniert nicht ohne einen dazu passenden Namen. Die naheliegende Antwort auf die Frage nach dem Namen: ›Sofas and Chairs‹. Love taufte ein Geschäft auf den neuen Namen und erlebte die erfolgreichste Eröffnung seiner Geschichte.

In einem größeren Rahmen verdeutlicht die Geschichte der Interstate Department Stores diese Art Verlagerung des Brennpunktes (Sie werden die Firma an ihrem neuen Namen ›Toys Я Us‹ erkennen).

Jawohl. Einst strampelte sich diese immens erfolgreiche Einzelhandelskette im Krieg der Billig-Kaufhäuser ab. Interstate war an Lieferanten wie Topps und andere gebunden, mit denen es bergab ging. Dann kaufte sie ›Toys Я Us‹ in einem embryonalen Zustand, ging in Konkurs und erstand als reine Spielzeugkette wieder auf.

Der Rest ist historisch. Wie historisch? Nun, ›Toys Я Us‹ hat mehr als 350 Läden, die über 20 % des 13 Milliarden großen Spielzeugmarktes kontrollieren. In diesem Fall ist weniger sehr viel mehr.

Den Vertrieb verlagern

Eine interessante Verlagerung des Schauplatzes kann dadurch veranlaßt werden, daß Ihnen Ihr traditioneller Absatzweg nicht mehr ausreicht. Mit anderen Worten: Sie versuchen, Ihren Umsatz zu steigern, indem Sie einen neuen Absatzweg hinzunehmen. Ein erfolgreiches Beispiel für eine taktische Verlagerung des Vertriebs sind Strumpfhosen.

Jahrelang war Hanes die Hauptmarke für Strumpfhosen in Kaufhäusern. Als die Kategorie jedoch wuchs, mußte Hanes mit billigeren Marken oder mit der Hausmarke des Kaufhauses konkurrieren.

Senkt Hanes den Preis seines Produkts und unterläuft so sein hohes Qualitäts-Image? Oder führt die Firma eine eigene Billigmarke ein?

Vielleicht keines von beiden. Sie erkannte die Schwierigkeit, die Preiskriege zu gewinnen, und verlagerte den Absatzweg.

Hanes eröffnete eine zweite Front in den Lebensmittel-Supermärkten, wo noch nie zuvor Strumpfhosen verkauft worden waren. Und genauso wichtig: Die neue Strumpfhose bekam einen Namen, der so klang, als ob sie in ein Lebensmittelgeschäft gehörte.

Das neue Produkt hieß ›L'eggs‹ (Wortspiel um ›Beine‹ und ›Eier‹, Anm. d. Ü.) Hanes lieferte und lagerte L'eggs in dergleichen Weise wie wirkliche Eier.

Diese klassische Verlagerung des Vertriebs war die Grundlage einer großen, sehr erfolgreichen Strumpfhosenmarke.

Ein ähnlicher Supermarkt-Erfolg ist an den Kassen zu finden. Man kann seine Lebensmittel nicht bezahlen, ohne am *National Enquirer* und seinen zahlreichen Helfern vorbeizukommen.

Das Blatt, das für seine auffallenden Schlagzeilen berühmt ist, verlagerte den Vertrieb vom Zeitungskiosk zum Supermarkt. Jene Schlagzeilen wären einfach nicht so sichtbar, wenn sie von einem Meer anderer Zeitungen und Zeitschriften umgeben wären.

Die gleichen taktischen Verlagerungen sieht man bei Büromaterial. Eine Reihe großer Discountketten wie Quill und Reliable verkaufen über direkten Katalogversand statt über Händler an kleine Geschäfte und private Verbraucher. Die Direktvermarkter haben über 10 % Anteil am Markt für Bürobedarf, und der Anteil steigt.

Es gibt viele Wege, den Schauplatz zu verlagern. Die Möglichkeiten sind nur durch Ihre Kreativität und Ihre Bereitschaft beschränkt, draußen am Markt statt innerhalb Ihrer eigenen Organisation nach ihnen zu suchen.

Kapitel 10

Verlagerung des Schauplatzes bei GM

Um die Methodik hinter der ›Verlagerung des Schauplatzes‹ besser zu verstehen, könnte es interessant sein, ihre Prinzipien auf eine gegenwärtig aktuelle Schlacht anzuwenden. Spielen wir General und versuchen wir herauszufinden, welche Art Verlagerung in einer aussichtslosen Schlacht in Betracht käme. Nehmen wir als Beispiel die Probleme von General Motors, das versucht, am obersten Ende der Skala mit BMW, Mercedes und anderen Importen zu kämpfen.

Dieser Teilmarkt hat GM nicht viele Siege eingebracht. Es war tatsächlich sogar recht peinlich. Das jüngste Beispiel ist der Allanté, von *Automotive News* als ›Flop des Jahres‹ tituliert. Der Allanté war nicht GMs erste Aktion gegen die hochpreisige Konkurrenz.

Der Seville wird eingeführt

GMs erste Aktion war, seine Cadillac-Elitedivision in die Schlacht gegen die Emporkömmlinge aus Deutschland zu werfen. Natürlich geschah dies weitgehend auf Geheiß der Cadillac-Händler, die zusahen, wie einige ihrer Stammkunden einen Schritt höher gingen, zu Mercedes.

Da die deutschen Luxuskarossen kleiner sind als ein Cadillac, griff GM mit einem kleineren, neu gestylten Modell namens Seville an. Zuerst nahm der Seville nicht viele deutsche Gefangene. Das Problem war simpel. Wer hat je von einem kleinen Cadillac gehört? Erst als der Seville so groß gemacht wurde wie ein Cadillac, wurde er ein großer

Erfolg. Aber statt BMW oder Mercedes Käufer wegzunehmen, nahm der Seville Fleetwoods und Broughams Käufer weg.

Der Cimarron wird eingeführt

Als der Seville ein großes Auto wurde, warf GM als nächstes ein weiteres kleines, neu gestyltes Modell in die Schlacht. Es hieß Cadillac Cimarron, war ein Rohrkrepierer und nahm niemandem Käufer weg.

Nach einem Treffen mit 20 Cadillac-Händlern wurde Ross Perot in der Zeitschrift *Fortune* zitiert: »Ein Cadillac muß anders aussehen als ein Chevrolet, oder er ist ein bißchen schwierig zu verkaufen.« Also noch mal von vorne.

Der Allanté wird eingeführt

Mit ungebrochenem Mut entschied sich GM für einen weiteren kleinen Cadillac. Da aber große Daimler und BMWs inzwischen für 50 000 Dollar und mehr verkauft wurden, beschloß GM, ›erster Klasse‹ zu fahren.

Alle stiegen in ein Flugzeug nach Italien, und dort wurde der Cadillac Allanté aus der Taufe gehoben. Damit sollte es funktionieren. Er war klein und in Europa gestylt, und er kostete 56 000 Dollar. Was konnte sich ein potentieller Mercedes-Käufer mehr wünschen? Es war die Wunderwaffe im Automobilkrieg.

Bislang hat sich der Allanté als weiterer Rohrkrepierer wie der Cimarron erwiesen. Wenn der Absatz nicht anzieht, wird er nach hinten, in GMs Gesicht, losgehen und Mercedes, BMW und Jaguar wenig tun.

Die Realität wird eingeführt

Was ist zu tun? Nun, als erstes muß GM anerkennen, daß Cadillac die Schlacht gegen die teuren Importe nicht gewinnen kann (sich der Realität stellen, nennen wir das).

Die Vorstellung ›Cadillac‹ ist stark im Denken des Verbrauchers. Ein Cadillac ist ein großer, mäßig teurer Wagen mit wenig Prestige in diesem Zeitalter der BMWs für 70 000 Dollar. Wenn ich 56 000 Dollar für einen Allanté ausgebe, will ich nicht, daß meine Nachbarn meinen, ich hätte ein Auto für 25 000 Dollar.

Die Cadillac-Division sollte wieder in die Schlacht gegen Lincoln-Mercury geschickt werden. Diese Ford-Abteilung hat einiges auf Kosten von Cadillac gewonnen. Als Cadillac seine Autos kleiner, weniger typisch und mehr wie ein Mercedes machte, begannen die Autokäufer, sich den großen Lincoln Town Cars zuzuwenden.

Der LaSalle wird wieder eingeführt

Wir würden eine Taktik der ›Produktverlagerung‹ entwickeln. Mit anderen Worten, was nottut, ist eine neue GM-Marke in der Spitzenklasse. Zufällig besitzt GM bereits den perfekten Namen.

Wir würden GM raten, den LaSalle wieder aufleben zu lassen. (Für unsere jüngeren Leser: Der LaSalle war einer der großen Klassiker der zwanziger und dreißiger Jahre. Obwohl er zur Cadillac-Familie gehörte, wurde er gewöhnlich als separate Marke behandelt.)

Die Wiederbelebung der Marke LaSalle hätte insoweit etwas Ironisches als, um mit den europäischen Autos zu konkurrieren, sie ursprünglich als Auto mit ›europäischem Look‹ konzipiert war. Sie war dem französischen Hispano-Suiza nachempfunden, einem Auto, an das sich nur Historiker erinnern. Die heutige Version müßte natürlich kleiner und recht teuer sein, wie die europäischen Limousinen. Und am wichtigsten: Sie müßte durch eine neue Mannschaft von LaSalle-Händlern verkauft werden (so, wie Acuras von Acura-Händlern verkauft werden, nicht von Honda-Händlern).

Diese Art taktische Verlagerung hätte zwar vor Jahren vielleicht besser funktioniert, aber sie ist immer noch die einzige Option, die GM offensteht, wenn es einen größeren Anteil am Markt der Spitzenklasse haben will.

Bei diesen Preisen – wer würde da kein größeres Stück wollen?

Kapitel 11

Wie Sie Ihre Strategie testen

Um einen Absatzkrieg zu gewinnen, muß man die Schlacht auf der taktischen Ebene gewinnen. Man muß die Schlacht im Denken des Verbrauchers gewinnen.

Wenn das Denken der Schauplatz ist, dürfte es nicht überraschen, daß Werbung die wichtigste taktische Waffe in einem Absatzkrieg ist.

Eine Anzeige oder ein Werbespot hat wie ein Artilleriegeschoß die Fähigkeit, auf ein breites Segment des Marktes einzuwirken. Mit Werbung kann man Käufer buchstäblich en gros gewinnen – natürlich unter der Bedingung, daß man das Ziel richtig angepeilt hat.

Die meisten Unternehmen wissen dies. Deshalb erreicht das Volumen der Werbung astronomische Ausmaße. Je stärker das Volumen steigt, desto geringer wird die Wirksamkeit. Wenn sich die Verbraucher in unserer reizüberfluteten Gesellschaft in ihren geistigen Fuchsbau verkriechen, wird es immer schwieriger, einen Treffer zu landen.

Wie Sie Ihre Werbung testen

Seit das Volumen steigt und die Wirkung sinkt, ist die Werbung Gegenstand intensiver Forschung geworden. Die Unternehmen wollen im voraus wissen, ob ihre geplante Werbung ankommen wird oder nicht. Deshalb erreicht das Volumen der Werbungsforschung ebenfalls astronomische Ausmaße.

Aber die Werbungsforschung hat enge Grenzen. Als die Agentur Doyle Dane Bernbach die erste Anzeigenserie ›Avis ist erst Nummer 2‹ testete, waren die Ergebnisse verheerend. Die Kunden der Autovermietung fanden die Prototyp-Anzeigen furchtbar. Der Auftraggeber fand sie furchtbar. Bill Bernbach fand sie furchtbar.

Aber Robert Townsend, der neue Vorstandsvorsitzende bei Avis, hatte seiner neuen Agentur versprochen, er würde die Anzeigen ohne Änderung laufen lassen, wenn Doyle Dane sie nur übernahm. Also liefen die Anzeigen und waren sofort ein Erfolg. Noch heute erinnert man sich an den Slogan: »Avis ist erst Nummer 2 bei Mietwagen. Warum also mit uns fahren? Wir geben uns mehr Mühe.«

Hertz' 56 % Marktanteil fielen bald um volle 6 Punkte, während Avis' Anteil um dasselbe stieg. Das ist eine Verlagerung von 12 %, die fast über Nacht eintrat. Zudem begann Avis, nach 13 Jahren ununterbrochener roter Zahlen Gewinne zu machen.

Man kann eine einzelne Anzeige oder eine Absatztaktik nicht testen. Wie im Beispiel Avis bedeuten die Ergebnisse eines Tests der Anzeigen nicht viel, denn der Test ist künstlich.

Der einzige Test, der die Realität wiedergibt, ist ein Test, der den Kunden dem vollen Gewicht der Strategie aussetzt. Im Fall Avis mußte man einen Weg finden, den Verbraucher mit dem zu konfrontieren, was die Presse über die Anzeigen sagen würde, was Hertz sagen (oder nicht sagen) würde, und besonders mit den lächelnden Gesichtern und den Buttons mit »Wir geben uns mehr Mühe«, die das Avis-Personal am Ladentisch trägt.

Das ist unmöglich, ohne das Programm laufen zu lassen. Am besten testen Sie Ihre Strategie also dadurch, daß Sie den Verbrauchern ein Gesamtbild dessen zeigen, was geschehen wird. Zeigen Sie den Kunden nicht eine Anzeige und bitten Sie sie um Kommentare. Sie verwandeln sich augenblicklich in Werbefachleute.

Ihre zu Werbefachleuten gewordenen potentiellen Kunden werden sich beeilen, Ihnen Ratschläge zu Layout, Druckbild, Fotografie, Überschriften zu erteilen. Jeder spielt gern die Rolle des beratenden Experten. Nicht nur dies: Die Selbsteinschätzung der Verbraucher ist außerordentlich hoch. Sie sind sicher, daß sie genau wissen, was sich bei ihnen verkauft und was nicht.

Bedenken Sie die Tatsachen. Die meisten großen Werbeprogramme, die laufen, sind getestet. Sie laufen nicht, wenn sie im Test nicht besonders gut abschneiden. Trotzdem ist die meiste Werbung wirkungslos. Mathematisch muß es so sein. In einem bestimmten Markt entwickeln vier oder fünf Marken Absatzprogramme, die den Marktanteil steigern sollen. Im Durchschnitt wird jedoch keine den Marktanteil vergrößern, der insgesamt weiterhin 100 % beträgt. In seiner reinsten Form ist Marketing, wie Krieg, ein Nullsummenspiel. Damit eine Marke ihren Marktanteil vergrößert, muß es mindestens einen Verlierer geben (Avis' Zuwachs geschah auf Kosten von Hertz).

Angesichts der geistigen und mathematischen Hindernisse für den Absatzerfolg sollten Sie allen Verbraucher-Tests mißtrauen. Ein Programm hat paradoxerweise mehr Chancen auf Erfolg und gleichzeitig weniger Chancen auf gute Testergebnisse, je neuartiger und origineller es ist. Stellen Sie sich einmal einen Markttest für Jackson Pollocks erstes Gemälde oder Bruce Springsteens erste Platte vor.

Wie wirkt es auf die Verbraucher?

Unserem Rat zum Trotz sollten Sie die Verbraucher fragen, bevor Sie Ihre Millionen ausgeben. Hier sind einige Vorschläge, was Sie beachten sollten.

Vergessen Sie die Zahlen im Forschungsbericht. Sie repräsentieren künstliche Antworten auf künstliche Fragen, die in künstlicher Atmosphäre gestellt wurden.

Frage: Würden Sie 150 Dollar pro Unze für ein Parfum ausgeben, das Obsession heißt? (Klartext: Sind Sie blöd?)

Antwort: Nein. (Klartext: Ich bin nicht blöd.)

Obsession ist bekanntlich ein großer Gewinner im Parfumkrieg. Außerdem gibt es da den ständigen Druck, die Produktpalette auszuweiten. Dieser Druck hat auch viel damit zu tun, daß die Ausweitung der Produktpalette bei Tests gut abschneidet.

Stellen Sie sich vor einen einseitig durchsichtigen Spiegel und beantworten Sie diese Frage: »Welches von diesen beiden Popcorns würden Sie kaufen? Pillsbury Mikrowellen-Popcorn oder Pop Secret Mikrowellen-Popcorn?«

Bevor Pop Secret eingeführt wurde, haben Sie noch nie davon gehört; deshalb antworten Sie natürlich: »Pillsbury.« Pillsburys Popcorn starb im Mikrowellenofen, und Pop Secret ist ein großer Erfolg, den nur Orville noch übertrifft.

Was der Ausweitung der Produkte am Markt den Garaus macht, ist der Faktor Verwirrung. Pillsbury bedeutet Teig, nicht Popcorn. Was die Ausweitung der Produktpalette bei der Zielgruppe lebendig hält, ist der Perfektionismus des Verbrauchers. Niemand möchte zugeben, daß er oder sie Popcorn etwa mit dem Pillsbury-Teigjungen verwechseln könnte.

Die interessante Taktik wählen

Was ist das Geheimnis bei der Auswertung jeder Art Marktforschung bei Zielgruppen oder Kunden?

Zuerst müssen Sie sichergehen, daß Ihr taktisches Konzept ›interessant‹ ist. Es ist besser, interessant zu sein und verabscheut zu werden, als fad zu sein, aber gemocht zu werden.

Pillsbury ist ein fader, ungeeigneter Name für ein Popcorn. Pop Secret suggeriert wenigstens, daß in der Formel oder Verpackung irgendwie ein Geheimnis stecken könnte. »Das ist interessant.« Die Definition für ›interessant‹ ist die gleiche wie die für eine Nachricht. Um interessant zu sein, muß ein Konzept ›anders‹ sein. »Mann beißt Hund«, zum Beispiel.

Was geschieht, wenn man Leute mit einem Konzept konfrontiert, das anders ist? Sie finden es interessant, aber sie lehnen es auch ab. Es liegt in der Natur des Menschen, alles, was anders ist, faszinierend zu finden, aber abzulehnen.

Ich lese vielleicht den *National Enquirer,* aber ich möchte nicht 2 Meter 50 groß sein, 360 Kilo wiegen oder 42 Kinder haben, um die neuesten Geschichten zusammenzufassen.

Werbeagenturen wissen genau, daß man durch den Medienwirrwarr dringen muß, indem man interessant ist. Leider lösen sie ihre kreative Aufgabe oft dadurch, daß sie die Unterschiede bei unwichtigen Elementen setzen statt im taktischen Konzept selbst. Normalerweise können sie die Strategie nicht ändern, weil sie ihnen vom Kunden in der typischen Top-Down-Manier diktiert worden ist. Deshalb sieht man im Fernsehen solche Absurditäten wie Joe Isuzu. Joe, Weltmeister im Lügen, hat seinen Isuzu auf den Gipfel des Mount Everest gefahren. Sein Geheimnis? Er hat Schneereifen benutzt.

Sagt den Verbrauchern derlei Schwachsinn etwas? Sicher – sie erinnern sich an den Schwachsinn und vergessen den Sinn.

Wenn jemand sagt: »Ich habe gestern abend im Fernsehen einen tollen Werbespot gesehen«, wissen Sie, was kommt. Die nächsten Worte sind gewöhnlich: »Ich weiß den Namen des Produkts nicht mehr, aber ich erzähle dir den Spot.«

Kein Wunder, daß die Leute sich an Joe den Lügner erinnern, aber nicht daran, warum sie seine Automarke kaufen sollen. Obwohl Isuzu jährlich 30 Millionen Dollar für Werbung ausgibt, verkauft die Marke jährlich weniger als 40 000 Autos in den USA.

Vergleichen Sie das mit Honda und Toyota: Beide verkaufen jeweils über 600 000 Autos pro Jahr in den USA. Hyundai verkauft über 250 000 Autos pro Jahr. Selbst Audi und Yugo verkaufen noch mehr als Joe Isuzu.

Was war also die meistbewunderte, meistprämiierte, meistgeachtete Werbekampagne in den letzten Jahren? Die Joe-Isuzu-Kampagne – ungelogen.

Wie machen Sie Ihre Strategie interessant? Das ist natürlich Top-Down-Denken. Im Bottom-up-Modus versucht man nicht, seine Strategie interessant zu machen. Man wählt zuerst eine interessante Taktik.

»Zwei Pizzas für den Preis von einer.« Das ist interessant.

»Wenn es unbedingt über Nacht da sein muß.« Das ist interessant.

»Junge, du bist groß genug für Grill-Hamburger.« Das ist interessant.

Das Interesse muß natürlich mit der Ware oder Dienstleistung zu tun haben. Und da Werbung die wichtigste taktische Waffe in einem Marketing-Krieg ist, muß die Idee eine interessante Werbeidee sein.

Deshalb sollte die Werbetaktik die Unternehmensstrategie diktieren.

Wie wirkt es auf die Vertreter?

Eine gute Idee sollte den Vertretern leicht zu verkaufen sein, stimmt's?

Stimmt nicht. Eine gute Idee läßt sich den Vertretern sehr schwer verkaufen. Sie haben nicht den nötigen Abstand zu der Sache. Sie wissen zuviel. Sie sind ebenso Experten wie die Verbraucher.

Eine taktische Idee, die einfach genug ist, durch den Medienwirrwarr hindurch einen Eindruck beim Verbraucher zu erzielen, ist zu einfach für die Vertreter.

Sollten Sie an den Vertretern vorbeigehen und sich auf den Verbraucher konzentrieren? Damit gefährden Sie sich selbst. Wenn Ihre Vertreter nicht begeistert hinter Ihrem Programm stehen, wird es nicht funktionieren, und wenn es noch so glänzend ist.

Ihr Programm bei den Vertretern testen heißt also, es ihnen verkaufen, nicht ihre Meinung ermitteln. Wenn Sie es ihnen nicht verkaufen können, sieht es schlecht für Sie aus.

Setzen Sie alles zum Verkaufen ein, auch Ihre eigene Begeisterung. Vertreter lieben eine gute Verkaufsaktion.

Wenn Sie Ihr Programm an die Vertreter verkaufen können, werden diese es an Großhändler oder Endverbraucher verkaufen. Eine echte Herausforderung.

Wie wirkt es auf die Presse?

Es ist schwierig, bekannte Journalisten ans Telefon zu bekommen, um sie zu fragen, ob ihnen die Strategie hinter Ihrem neuen Absatzprogramm gefällt.

Sie müssen es indirekt machen. Die Schlüsselfrage, die Sie sich selbst stellen müssen, lautet:»Ist das Konzept eine Nachricht wert?«

Vielleicht kommt es nie in die Tagesschau, nicht einmal auf Seite 7 in Ihrem Wochenblättchen. Dennoch: Die Konzepte, die am besten funktionieren, ›fühlen sich an‹ wie Nachrichten.

Als Pepsi Cola Slice einführte, das erste Brausegetränk mit 10 % Fruchtsaftgehalt, war die Einführung im ganzen Land eine Nachricht wert.

Als IBM ein Werbeprogramm lancierte, das die Firma als ›the bigger picture‹ (den größeren Blickwinkel bieten) positionierte, ignorierte jede größere amerikanische Publikation die Einführung.

Der größere Blickwinkel? IBM ist eine 54-Milliarden-Dollar-Firma. Big Blue ist bereits größer als alle Konkurrenten zusammen. Wo ist die Nachricht darin, daß IBM den größeren Blickwinkel bietet?

Als Avis das Konzept ›Avis Nr. 2‹ lancierte, übertrafen sich die Medien gegenseitig mit Geschichten. Sogar der Vizepräsident der Vereinigten Staaten flachste, er müsse sich mehr Mühe geben, denn ›ich bin erst Nummer 2‹.

Wie wirkt es auf die Konkurrenz?

Es ist wahrscheinlich leichter, eine Reaktion von bekannten Journalisten zu bekommen, als Ihre Konkurrenz zu veranlassen, Ihr Programm im voraus zu bewerten.

In der besten aller möglichen Welten könnten Sie das Programm jedem Ihrer wichtigen Konkurrenten zeigen. Wenn jeder sagt:»Ich finde es furchtbar«, wissen Sie, daß sie einen potentiellen Schlager haben.

Das ist ein höchst unwahrscheinliches Szenario. Aber es

gibt eine Methode, etwas ganz Ähnliches zu erreichen. Sie heißt logische Überprüfung. Um die Logik Ihrer Aussage zu überprüfen, kehren Sie sie um, um zu sehen, ob die Umkehrung das Richtige für Ihren Hauptkonkurrenten ist.

Avis ist erst Nummer 2 bei Mietwagen; deshalb müssen wir uns mehr Mühe geben. Was wäre die Umkehrung dieser Aussage?

Hertz ist Nummer 1 bei Mietwagen; also können wir uns auf unseren Lorbeeren ausruhen. Wir müssen uns nicht sehr viel Mühe geben. Das ist perfekt – für Avis. Das wird Kunden von Hertz zu Avis wechseln lassen. Wenn der Verbraucher sich auch nur einbildet, daß der Hertz-Mann hinter dem Ladentisch so denkt, wird er oder sie wechseln.

Etwas Ungewöhnliches in der Luft. Das ist der Slogan von American Airlines, der zweitgrößten Fluggesellschaft. Kehren wir ihn für die größte um.

Etwas *Gewöhnliches in der Luft.* United ist gewöhnlich? United ist die Fluggesellschaft, die im großen Stil damit wirbt, daß sie – unter anderen ungewöhnlichen Orten – Hawaii anfliegt.

Mit *Etwas Ungewöhnliches in der Luft* hebt American nicht ab. Wußten Sie, daß das Americans Slogan war? Wahrscheinlich nicht. Es paßt nicht zu Americans Konkurrenzsituation.

Wie wirkt es auf die Produktpalette?

Eine der gefährlichsten Vorstellungen in den ›Strategie-zuerst-Köpfen‹ ist die, daß eine Ausweitung der Produktpalette zum unabhängigen Eigenleben mehrerer verwandter Produkte führen könnte.

Top-Down-Organisatoren geben den durch eine solche Ausweitung entstandenen Marken eigene Marketing-Abteilungen, eigene Verkäufer und einen eigenen Werbeetat.

Diät-Coca-Cola hat all dies, sogar eine eigene Werbeagentur. Aber der Kunde sieht Diät-Coca-Cola nur einmal an und denkt: »Coca-Cola ohne die Kalorien.«

Durch diese Trennung wird den Leuten bei Coca-Cola

lediglich vorgegaukelt, sie hätten zwei Marken, obwohl sie nur zwei Geschmacksrichtungen haben.

Testen Sie alles, was denselben Namen trägt, denn alles, was denselben Namen trägt, gehört in der Wahrnehmung des Verbrauchers untrennbar zusammen.

Der Erfolg der Diät-Coca-Cola geht zu Lasten der normalen Coca-Cola. Das ist vielleicht schwer einzusehen, denn der Absatz von Diätgetränken ist allgemein explodiert. (Solange NutraSweet billiger ist als fruktosereicher Maissirup, sollte es Coca-Cola nicht kümmern, welches Produkt der Kunde trinkt.)

Miller High Life, Miller Lite und Miller Genuine Draft sind drei Geschmacksrichtungen derselben Marke. Wenn eine aufwärts geht, gehen die anderen beiden abwärts.

Coors Light folgt dem gleichen Muster. Es legt zu, während das normale Coors verliert, und verdeutlicht so das Konzept der Verbindung. Die silberne Gewehrkugel, die in der Werbung für Coors Light benutzt wurde, hat ihr Ziel gefunden: Coors Regular.

Als letzte Marke sprang Budweiser in den ›Light‹-Pool. Anheuser-Busch ist auf dem besten Wege, Budweiser Light zum Yuppie-Bier Nummer 1 zu machen. Der Sprecher Spuds MacKenzie (ein Hund) und seine drei wunderschönen Spudettes machen Bud Light zu allem, was Budweiser nicht ist.

Glaubt Anheuser-Busch wirklich, daß Otto Normalverbraucher sich diesen Blödsinn nicht ansieht? Er sieht ihn sich an. Früher oder später geht es mit Budweiser ebenso bergab wie mit Miller und Coors.

Wenn zwei Marken denselben Namen tragen, gehören sie im Denken untrennbar zusammen. Sie müssen beide testen.

Spuds MacKenzie mag ein heißer Hund für Bud Light sein. Die Frage ist: Was wird dieser Bullterrier dem Namen Budweiser langfristig antun?

Wenn die jungen Herren in den BMWs Bud Light trinken, trinken die Jungs in den Ford Broncos dann weiterhin Budweiser?

Kapitel 12

Wie Sie Ihre Strategie verkaufen

Jetzt ist es Zeit zusammenzupacken, was Sie erfahren haben, als Sie Ihre Strategie getestet haben, und es für den internen Verkauf fertigzumachen.

Sie werden wahrscheinlich ganz bis zum Chef gehen müssen. Sie könnten mehr Aufmerksamkeit für Ihre Idee bekommen, als Sie vielleicht glauben.

Nach dem letzten Zusammenbruch des Aktienmarktes sollte das Management bereit sein, sich auf das Wesentliche zu besinnen. Bis zum Schwarzen Montag konnten die meisten Firmen mehr mit dem Kauf und Verkauf von Aktien und Firmen verdienen als mit dem Verkauf von Produkten. Das war einmal. Statt die Aktien der Firma zu fördern, sollte das Top-Management anfangen, an die Förderung ihrer Produkte zu denken.

Vielleicht ist das, was schlecht für den Markt ist, gut für das Marketing. Vielleicht hat das Management jetzt Zeit, sich das große Marketing-Konzept anzuhören, das die Konkurrenz wegfegen wird.

Nehmen wir einmal an, Sie hätten den perfekten Angriffspunkt gefunden, die einzelne, hochkonzentrierte Taktik, die Sie sorgfältig zu einer schlagkräftigen Strategie ausgebaut haben. Nun sind Sie im Vorstandszimmer und präsentieren sie dem Top-Management. Ihr größtes Problem ist die Selbstzufriedenheit. Ihr größtes Problem ist nicht, ein Ja oder ein Nein zu ernten. Ihr größtes Problem ist, ein Gähnen zu ernten.

Der Rekrut und der Veteran

Ein junger Rekrut bei General Electric versuchte, dem alt-gedienten Veteranen, der für kleine Elektromotoren zu-ständig war, ein Marketing-Programm zu verkaufen. Der Rekrut hatte seine Gedanken auf einer Klappkarte gesam-melt und ging sie tapfer durch. Als die Präsentation sich ihrem Ende näherte, bemerkte der Rekrut, daß der Marke-tingleiter das Interesse verloren hatte und aus dem Fenster blickte. Der junge Mann wurde nervös.

Der Veteran wandte sich ihm zu und sagte: »Leg die Karte hin, Junge, und ich erzähle dir mal, wie es bei General Electric läuft.«

»Aber wir sprechen über GE-Motoren. Das Problem ist nicht draußen am Markt. Es ist hier drinnen. Zeigen Sie mir eine Karte, die jeden Scheißkerl hier im Haus auf das gleiche Ziel ausrichtet, und wir können da draußen alles erreichen.«

Das war nicht gerade Bottom-up-Denken, aber der Junge hatte so unrecht nicht. Es reicht nicht, die brillante Taktik zu finden, die Sie zu einer schlagkräftigen Strategie ge-macht haben. Sie müssen sich auch mit Ihrer eigenen Firma befassen, wenn das Programm funktionieren soll.

Sie müssen erreichen, daß alle erregt und begeistert sind. Sie müssen jeden im Haus auf das gleiche Ziel aus-richten.

Halten Sie es einfach

Versuchen Sie nicht, Ihr Programm mit ›Masse‹ zu verkau-fen. Eins der schlimmsten Dinge, die Marketing-Leuten je zugestoßen sind, ist die Erfindung der Kalkulationstabelle. Lotus 1-2-3 hat für mehr fade Präsentationen gesorgt als jede Entwicklung der Wirtschaft seit dem Tageslichtprojek-tor. Handeln Sie wie ein Autoverkäufer. Treten Sie nicht alle Einzelheiten und Möglichkeiten breit.

Halten Sie es einfach. Glücklicherweise wird es einfach sein, wenn Sie Ihr Programm von unten nach oben aufbauen, von einer einzigen Taktik zur großen Strategie. Was Sie präsentieren werden, ist der einzelne, kühne Schlag, der nicht nur dramatisch ist, sondern auch wirksam.

Präsentieren Sie keine Alternativen

Eine der hartnäckigsten Fragen, die Ihnen ein internes Publikum stellt, wird wahrscheinlich die nach Alternativen sein. »Es gibt bestimmt mehrere Strategien, die die gleichen Ergebnisse erzielen. Warum stellen Sie uns nicht die Alternativen vor, damit wir eine wählen können?«

Nichts da. Es gibt keine Alternativen zu einer schlagkräftigen, von unten her entwickelten Strategie. Manager, die daran glauben, leben in einer Traumwelt.

Die Entwicklung von Alternativen ist ein Überbleibsel des Top-Down-Denkens. Wenn man auf dem Gipfel eines Berges sitzt, sieht jeder Hügel so aus, als sei er zu bewältigen.

Wenn Sie an die Front hinuntergehen, wenn Sie da unten im Tal der Wirklichkeit sind, wird Ihnen klar, daß Ihre Möglichkeiten sehr begrenzt sind. Sie haben Glück, wenn Sie einen Hügel finden, der zu schaffen ist.

In einer stark wettbewerbsorientierten Gesellschaft wird es schwer genug sein, *eine* Taktik zu finden, die funktioniert. Würdigen Sie sie. Akzeptieren Sie keinen Ersatz.

Marketing-Leute aber denken oft das Gegenteil. Sie sehen den Erfolg als Gesamtsumme einer Menge kleiner, wunderschön durchgeführter Anstrengungen. Sie meinen, sie könnten unter verschiedenen Strategien wählen und trotzdem erfolgreich sein, solange sie sie nur ganz toll durchführen.

Wir glauben an den einzelnen, kühnen Schlag im Marketing. Wir glauben, daß man in jeder Situation nur eine Möglichkeit hat, die funktioniert.

Ihre Aufgabe ist es, sie zu finden und zu verkaufen.

Wenn der persönliche Karriereplan im Weg ist

Eine der größten Gefahren, wenn man ein Programm verkaufen will, ist der Konflikt zwischen dem persönlichen Karriereplan und dem Karriereplan des Produkts. Manche Manager treffen Entscheidungen zuerst aufgrund ihrer Wirkung auf die eigene Karriere, und als zweites aufgrund ihrer Wirkung auf den Konkurrenten.

Feldmarschall Bernard Montgomerys unglückliche Offensive durch Holland im Zweiten Weltkrieg wurde von vielen als Versuch bezeichnet, persönlichen Ruhm zu erwerben – auf Kosten der guten Taktik.

General George S. Patton riskierte hingegen oft seine Karriere, um seine höchst erfolgreiche Panzertaktik zu nutzen.

Viele Führungskräfte lassen sich durch ihre persönlichen Karrierepläne von kühnen Aktionen abhalten. Warum etwas riskieren, wenn man schon ein hohes Gehalt hat und relativ bald in den Ruhestand geht?

Viele Aufsteiger lassen sich von ihren persönlichen Karriereplänen ›sichere‹ Entscheidungen diktieren, um ihr Fortkommen in der Firmenhierarchie nicht zu unterbrechen. Sie erinnern sich an das alte Sprichwort: »Wer sich in Gefahr begibt, kommt darin um.«

In manchen Unternehmen wird nichts getan, wenn es nicht jemandem im Top-Management in den Karriereplan paßt. Ideen werden abgelehnt, nicht weil sie nicht grundsolide wären, sondern weil niemand im Management persönlich von ihnen profitiert.

Ein Vorteil des japanischen ›Konsens-Managements‹ ist, daß dieses System den Faktor Karriereplanung eher blockiert. Eine japanische Firma konzentriert sich auf den Erfolg der Organisation, nicht den Erfolg der Einzelperson.

Niemand würde vorschlagen, daß wir den Japanern nacheifern und unsere Firmen entpersönlichen. Würden wir Lee Iacocca gegen Shoichiro Irimajiri, Yukiyasu Toyo oder Masahiko Zaitsu tauschen, die Obermacher bei Honda, Toyota und Nissan? Aber vielleicht gibt es noch einen Mittelweg.

Das Fürsprecher-System

Der Faktor Karriereplanung läßt sich dadurch entschärfen, daß man ihn offen zur Sprache bringt. Firmen wie 3M verwenden ein ›Fürsprecher‹-System, um die Person öffentlich zu identifizieren, die vom Erfolg eines neuen Produkts oder Geschäfts profitieren wird.

Tiefverwurzelt in der 3M-Kultur ist die Philosophie, daß nichts genehmigt wird, wenn es keinen Manager gibt, der ›für das Projekt spricht‹. Die erfolgreiche Einführung der Post-it-Notizzettel verdeutlicht, wie das Konzept funktioniert. Art Fry ist der Wissenschaftler bei 3M, der für das Konzept sprach (es dauerte fast ein Dutzend Jahre, es auf den Markt zu bringen).

Obwohl das Fürsprecher-System funktioniert, ist es nicht unbedingt der beste Weg. Theoretisch würde eine ideale Umgebung es dem Management gestatten, ein Konzept nach seinen Vorzügen zu beurteilen, nicht danach, wer daraus einen Vorteil zieht. Zu dieser idealen Umgebung gehören Teamwork, Esprit de Corps und ein aufopfernder Leiter. Man denkt sofort an Patton und seine Dritte Armee und ihren rasanten Vorstoß durch Frankreich. Keine Armee der Geschichte hat in so kurzer Zeit so viel Terrain erobert und so viele Gefangene gemacht.

Pattons Belohnung? Eisenhower setzte ihn an die Luft.

Wenn das Organisationsschema im Weg ist

Dies kommt in großen Unternehmen mit vielen Abteilungen häufig vor. Man könnte es erwarten, wenn man von unten nach oben arbeitet.

Oft behindert das Organisationsschema die Entwicklung einer Taktik zur Strategie. Vielleicht betrifft die Taktik mehr als ein Produkt oder mehr als einen Markt. Wenn das Unternehmen in Produkt- oder Marketingabteilungen unterteilt ist, dann haben Sie ein Problem – ein echtes Problem.

Um das Programm zu lancieren, müssen Sie quer durch

die umrandeten Kästchen des Organisationsschemas gehen. Ein Programm intern zu verkaufen ist wie ein Hürdenlauf. Leute, die das Programm gutheißen und zusammenarbeiten müssen, kochen ihr eigenes Süppchen.

Grundsätzlich mögen Manager überhaupt nichts teilen, schon gar nicht die Lorbeeren für ein erfolgreiches Programm. Sie wollen lieber etwas Eigenes tun, selbst wenn es nur ein mäßiger Erfolg ist, als an einem größeren, außergewöhnlich erfolgreichen Unterfangen mitwirken.

Was können Sie tun, um gegen das Organisationsschema anzukommen? Wir empfehlen besseres Bottom-up-Verkaufen. Sie müssen die Zähne zusammenbeißen und sich durch die Organisation hocharbeiten, bis Sie bei der einen Person ankommen, die Programme quer über die Kästchen hinweg genehmigen kann. Vielleicht kann diese Person auch die Namen in den Kästchen ändern.

Versuchen Sie nicht, das System kurzzuschließen, indem Sie oben anfangen. Wenn Sie das tun, öffnen Sie dem internen Guerillakrieg Tür und Tor. Während das Programm sich durch die Organisation hinunterarbeitet, werden bei jedem Schritt die langen Messer draußen sein. Sie können sicher sein, daß die Inhaber jener Kästchen sich Einwände einfallen lassen, auf die Sie nicht gekommen sind.

Wenn Sie diese Einwände auf ihrem Weg nach oben offenlegen und berücksichtigen, steigern Sie ihre Erfolgschancen nach der Zustimmung des Top-Managements erheblich.

Bottom-up-Verkaufen hat natürlich seine eigenen, besonderen Tücken. Die ›Bastelsucht‹ ist die größte (der Weg in die Katastrophe ist mit Verbesserungen gepflastert).

Wenn Sie ein Konzept bergauf schieben, meinen die Leute auf dem Weg, sie müßten einen Beitrag leisten. Wenn Sie sich nicht vorsehen, erkennen Sie Ihre eigene Idee vielleicht nicht wieder, wenn sie ins Vorstandszimmer gelangt.

Wenn das Top-Management im Weg ist

Sie können eine dynamische Taktik und eine glänzende Strategie haben – und im Vorstandszimmer trotzdem abstürzen.

Von allen Managern in einem Unternehmen sind der Chef und seine Umgebung gewöhnlich am weitesten von der Front entfernt. Daß sie die Durchschlagskraft der Taktik erkennen, ist am wenigsten wahrscheinlich. »Sie wollen den Wagen einen Acura nennen statt einen Honda?«

Sie denken nicht taktisch. Sie denken strategisch. »Paßt das zu unserer Unternehmensstrategie, B. J.?«

Sie müssen mit List vorgehen.

Eine der besten Listen ist es, die Wirkung Ihrer Strategie auf das ›Ansehen‹ der Firma zu verkaufen. Nur zu oft wird der Faktor ›Ansehen‹ im Marketing ignoriert. Das ist ein Nebeneffekt von zuviel kurzfristigem Denken bei den mittleren Managern der Firma, die ihre eigenen Karrierepläne haben.

Wenn das Ansehen eines Unternehmens auf einem Markt geschwächt wird, zeigen sich die Folgen oft in der Presse. Sehen Sie sich die Probleme bei General Motors und IBM an. Das Flair ist weg. Die Kunden haben es leichter, die Suche nach Alternativen zu begründen.

Ein einzelner, kühner Schlag hat durch seine Natur selbst das Potential, das Ansehen Ihrer Firma zu heben. Nutzen Sie diese Tatsache, um beim Top-Management Unterstützung für Ihr Programm zu gewinnen. Schließlich kann sich kein Manager weigern, die Firmenflagge zu grüßen.

Der Name ist die Strategie

Recht oft kann man die Strategie verkaufen, nicht aber den Namen.

Namen schwimmen in Egos. Wenn Ihre Empfehlung eine Namensänderung erfordert, sind Ihre Probleme vorprogrammiert. Vergessen Sie ein Prinzip nicht: Der Name ist die Strategie. Man kann nicht den Namen opfern und immer noch eine wirksame Strategie haben.

Mit einem Namen wie LaSalle hätte das Automobil Allanté ein großer Erfolg sein können. Mit dem Namen Cadillac war es hoffnungslos.

Mit dem Namen Pillsbury hatte die Firma keine effektive Möglichkeit, in das Geschäft mit Mikrowellen-Popcorn einzusteigen.

Namen sind wichtig. Die wichtigste Marketing-Entscheidung, die Sie treffen können, ist der Name des Produkts. Der Name ist der Kern des Bottom-up-Prozesses.

Wenn Sie beim Namen Kompromisse eingehen, kompromittieren Sie das Programm. Akzeptieren Sie lieber eine interne Niederlage wegen des Namens, als einen minderwertigen Namen zu akzeptieren und auf dem Markt alles zu verlieren.

Bleiben Sie standhaft. Verteidigen Sie Ihren Namen. Akzeptieren Sie keinen Ersatz.

Als Nestlé einen gefriergetrockneten Instantkaffee einführte, der mit Maxim konkurrieren sollte, wollte Nestlés amerikanisches Management das Produkt ›Taster's Choice‹ nennen. Die Schweizer im Hauptquartier wollten die Marke ›Nescafé Gold‹ nennen.

Die Schlacht um den Namen wogte fast zwei Jahre lang über den Atlantik hin und her. Die Leute vor Ort gewannen. Taster's Choice ist ein großer Erfolg. Heute verkauft er sich zehnmal so gut wie Maxim.

»Schmeckt und riecht wie gemahlener Röstkaffee«, lauteten die Anzeigen für Taster's Choice. Der Name steht für die schlagkräftige Taktik, das Produkt gegen gemahlenen Röstkaffee zu positionieren.

Bleiben Sie standhaft. Verteidigen Sie Ihren Namen. Der Name ist die Strategie.

Globales Marketing stürzt ab

Die Schweizer setzten sich auch deshalb für den Namen Nescafé Gold ein, weil sie das Produkt weltweit unter einem einzigen Namen vermarkten wollten.

Ein Name, eine Strategie, eine Positionierung. Das bezweckt das globale Marketing, der letzte Schrei aus der Betriebswirtschaftslehre.

In den meisten Ländern der Welt ist Nescafé die führende Kaffeemarke. In manchen Ländern hat Nescafé einen Marktanteil von mehr als 75 %. Nescafé ist eine mächtige, weltweite Marke. Aber nicht in den USA.

Top-Down-Denker würden wahrscheinlich dem Schweizer Management zustimmen. »Machen wir Nescafé zu einer noch mächtigeren weltweiten Marke, indem wir unserem gefriergetrockneten Produkt den Namen Nescafé geben.«

Bottom-up-Denker würden wahrscheinlich zustimmen... aber nur auf den Märkten, wo Nescafé bereits die führende Marke ist. In den USA, wo Nescafé nichts gilt, würden Bottom-up-Denker wahrscheinlich fordern, mit einem neuen Namen gegen die starke Konkurrenz von Maxwell House/Maxim anzugehen.

Das gleiche Prinzip ist auf Datsun anwendbar. War es nötig, den Namen zu ändern, um eine weltweite Marke Nissan zu haben? Ja, wenn man von oben nach unten denkt. Nein, wenn man von unten nach oben denkt.

Wenn alle Länder der Welt sich ähneln, wird das Marketing weltweit werden. Wenn die Märkte ähnlich sind, wird die Erarbeitung des Prozesses von unten nach oben ein einziges Programm ergeben, das überall anwendbar ist.

Bis jener Tag kommt, muß das wirksamste Absatzprogramm, das Sie in einem Land entwickeln können, in einem anderen nicht unbedingt funktionieren.

Von unten nach oben zu arbeiten stellt sicher, daß Sie für jedes Land das optimale Programm haben.

Kapitel 13

Zugang zu den Mitteln

Der Leiter der New Yorker Schulbehörde Dr. Richard R. Green definierte seine Philosophie einmal mit diesen Worten: »Keine Aufgabe wird umgangen, nur weil sie unmöglich ist.«

Im Vorstandszimmer hören sich solche Gedanken großartig an, aber wenn Sie hinuntergehen an die Front, sind Sie Aug' in Auge mit der Realität. Es mag schwer zu akzeptieren sein, aber das Unmögliche ist unmöglich.

Beim Marketing ist nichts möglich ohne die Mittel, um ein Programm zu lancieren. Mit Mitteln meinen wir Geld.

Mit Geld kann man die Instrumente kaufen, die man braucht, ob es Verkaufspersonal, Vertrieb oder Werbung ist. Ohne Geld bringt Ihnen alle kunstreiche Planung der Welt keine Unze Marktanteil. Es kostet Geld, Geld zu verdienen. In dieser reizüberfluteten Gesellschaft kostet es eine Menge Geld, Geld zu verdienen.

Das Top-Management genehmigt oft recht gern eine viele Millionen teure Fabrik; die Genehmigung für ein viele Millionen teures Absatzprogramm ist dagegen viel schwerer zu bekommen.

Jede neue Idee (und Marketing ist im Grunde eine Schlacht der Ideen) erfordert Vorab-Investitionen. Viele Firmen setzen allerdings die Mittel für Werbung und Marketing lieber prozentual zum Umsatz fest. Dadurch bekommt eine neue Idee nicht die notwendigen Mittel, um so wirksam zu sein, daß sie durch den Medienwirrwarr dringt.

Teile und verliere

Vor etlichen Jahren entwickelte die Firma Seven-Up zwei aufregende Strategien, um mit den großen Colafirmen zu konkurrieren. Beide Strategien nutzten das taktische Thema Koffein in Pepsi und Coca-Cola.

Eine Strategie war die Einführung von Like, der ersten koffeinfreien Cola der Welt. Die andere Strategie war, 7-Up als die ›koffeinfreie‹ Brause zu positionieren. Da 7-Up bereits als die ›Uncola‹ etabliert war, die Alternative zu Coca-Cola und Pepsi, versprach die Koffein-Attacke enorme Wirkungen.

Welche Strategie hätte Seven-Up verfolgen sollen? Beide hätten funktionieren können, aber unglücklicherweise streute Seven-Up seine Mittel und versuchte, beides gleichzeitig zu tun. Als Pepsi und Coca-Cola mit koffeinfreien Colas zurückschlugen, wurde es für Seven-Up finster.

Mit den doppelten Mitteln hätte Seven-Up seine koffeinfreie Cola wahrscheinlich zu einem großen Erfolg machen können. Statt dessen kränkelte Like ein paar Jahre und starb dann (ironischerweise verlieh die Einführung koffeinfreier Pepsi und Coca-Cola der Marke Like ihre Existenzberechtigung).

Zwar war die Firma Seven-Up mit ihrem Programm ›koffeinfrei‹ für ihre Brause 7-Up erfolgreicher, aber mit mehr Mitteln wäre aus einem mäßigen Erfolg vielleicht ein großer Sieg geworden.

Wohin man auch schaut, sieht man Unternehmen, die ihre Mittel streuen, wenn sie sie konzentrieren sollten. Im selben Jahr, als General Motors ein Joint-Venture mit Toyota einging, kündigte sie auch das Projekt Saturn an. Beide Aktionen werden ähnliche Produkte erbringen.

Man fragt sich, wieviel besser es General Motors heute ginge, wenn es seine Mittel in eine einzige Angriffsrichtung gebündelt hätte.

Eine neue Idee zu knapp zu finanzieren, ist noch schlimmer, als sie gar nicht zu finanzieren. »Viele nehmen an, daß halbe Anstrengungen wirksam sein können«, sagt Clausewitz. »Ein kleiner Sprung ist leichter als ein großer, aber niemand, der einen breiten Graben überqueren will, würde ihn zuerst halb überqueren.«

Nehmen wir an, Sie hätten eine Million Mark beantragt, um ein neues Programm zu lancieren. Darauf das Management: »Was können Sie für eine halbe Million tun?«

Ihre Antwort sollte sein: »Dafür können wir genau in der Mitte des Grabens landen.« Lancieren Sie ein Programm lieber gar nicht ohne ausreichende Mittel.

Ihr Problem, die Mittel zu bekommen, nimmt oft zwei Formen an.

1. Das Problem arme kleine Firma. Kleine Unternehmer sind gewöhnlich reich an Ideen, aber arm an Geld, um sie zum Leben zu bringen. Um erfolgreich zu sein, muß ein kleines Unternehmen das Geldproblem lösen.

Wenn Sie für ein solches Unternehmen arbeiten, müssen Sie entweder Ihren geographischen Brennpunkt verengen und auf regionaler Basis arbeiten, oder Sie müssen Hilfe holen. Der regionale Ansatz ist wahrscheinlich der beste erste Schritt, denn er gibt Ihnen die Chance, Erfahrungen zu machen und Ihr Programm zu verfeinern. Tom Monaghan begann seine Pizzakette Domino's mit einem Laden. Als er dann wußte, was taktisch funktioniert und was nicht, holte er sich Hilfe. In seinem Fall bestand sie darin, daß er Konzessionen vergab und seine Idee so über ganz Amerika verbreitete.

Eine andere Methode, Hilfe zu holen, könnte der Verkauf an ein großes Unternehmen sein, das die Mittel und die Vertriebsmöglichkeiten hat, Ihr Konzept im ganzen Land umzusetzen.

Kleinen Firmen droht die Gefahr, von einer großen Organisation weggefegt zu werden, bevor sie eine Chance haben, sich am Markt zu etablieren.

Verkauf heißt nicht Ausverkauf. In den meisten Fällen kann man ein Stück vom Kuchen behalten. Es ist besser, mit 10 % zu überleben als mit 100 % tot zu sein.

2. Das Problem reiche, große Firma. Große Konzerne wie General Motors sind arm an Ideen, aber reich an Geld.

Das Problem ist die Neigung, das Geld über eine Heerschar von Projekten zu verteilen.

Wenn Sie also eine wichtige Idee haben, müssen Sie das Geld bekommen, bevor alles vergeben ist.

Das ist das Hauptproblem in großen Unternehmen. Sie streuen ihre Mittel oft auf viele Produkte und Aktivitäten – eine der Gefahren der Dezentralisierung. In einem typischen dezentralisierten Unternehmen bekommt jeder Projektleiter, jede Projektleiterin einen Etat, um sein oder ihr Süppchen zu kochen. Die Top-Manager streuen die Mittel gern breit, damit alle relativ glücklich sind. Ihre Hauptsorge ist, einen Überblick über die Gesamtsummen zu behalten.

Beim Bottom-up-Marketing muß das Top-Management die Masse der Mittel auf eine Idee konzentrieren. Da dies bedeutet, Peter mit Pauls Geld zu bezahlen, müssen die Chefs bereit sein, einigen Managern den Geldhahn zuzudrehen. Dann müssen sie ihre Entscheidungen verteidigen, wenn sie diesen Managern gegenüberstehen.

Damit dies geschieht, sollte sich das Top-Management natürlich weit mehr auf die taktischen Details der Schlacht am Markt einlassen. Manche Firmen setzen das meiste auf ihr neues Pferd. Als IBM den PC einführte, stützte sie das neue Produkt mit 75 % ihres Werbeetats. In seinem ersten Jahr erwirtschaftete der PC weniger als 5 % von IBMs Einkommen. Aber hinter dem Entschluß der IBM für diese Werbung steckte mehr als Geld. Der PC repräsentierte die Zukunft.

Das Top-Management muß sich engagieren

Bottom-up-Marketing kann zwar für jeden auf jeder Ebene funktionieren, aber am besten funktioniert es, wenn es von der Frau oder dem Mann an der Spitze begriffen und praktiziert wird.

Wenn ein Firmenchef das Bottom-up-Programm initiiert, braucht niemand das Programm die Hierarchie hinaufzubringen. Die Reaktionszeit eines Unternehmens wird dann erheblich verkürzt, denn die Leute an der Spitze sind in der besten Position, Firmenmittel zu verteilen.

Wenn das Top-Management lernt, die Rolle der Speerspitze zu spielen, wird der gesamte Marketing-Prozeß weit effektiver.

Dies ist entscheidend im Wettbewerb mit Japan Inc. Die Japaner praktizieren zwar eine Variation des Bottom-up-Marketing – aber bei den niederen Chargen.

Wir brauchen mehr MacArthurs im Management. Wie die meisten Generäle verstand Douglas MacArthur das Wesen der Bottom-up-Methode in der Kriegskunst. Sie funktioniert auch im Marketing.

Kapitel 14

Einen Außenseiter hinzuziehen

Irgendwann werden Sie einen ›Objektivitätstest‹ brauchen. Es ist schwierig für einen Insider, das notwendige Ausmaß an Objektivität aufzubringen, um die letzten, aber entscheidenden Einzelfragen zu lösen. Insider sind zu nah dran. Sie wissen zuviel.

Der Außenseiter hat den Vorteil des Nichtwissens. Da er die internen Details nicht alle kennt, ist der Außenseiter in einer besseren Position, um die Dinge so zu sehen wie der Kunde. Aufgrund ihrer Objektivität können Außenseiter entscheidend helfen, besonders bei der Wahl der anzuwendenden Taktik.

Die Wahl der Taktik

Man sieht, warum Top-Down-Denken so schädlich für den Marketing-Prozeß ist, besonders wenn Außenseiter mitbetroffen sind. Wenn man die Strategie zuerst plant, diktiert man effektiv auch dem Außenseiter, welche Taktik anzuwenden ist. Dies liegt daran, daß Taktik vor allem mit äußeren Dingen zu tun hat. Was denkt der Verbraucher? Welche Trends betreffen das Geschäft? Welche Positionen besetzt die Konkurrenz?

Für die Entwicklung der Strategie ist der Außenseiter weniger nützlich, denn sie ist vor allem eine interne Angelegenheit. Wie restrukturieren wir das Unternehmen, um die taktische Chance maximal zu nutzen? Wie müssen wir den strategischen Hammer, der den taktischen Nagel treffen soll, aufbauen, personell ausstatten und führen?

Bei der Top-Down-Vorgehensweise ist oft keine der taktischen Optionen besonders wirksam. Und der Außenseiter kommt mit Bedauern zu diesem Schluß.

Sagt der Außenseiter dem Auftraggeber, die Strategie sei falsch (um dabei wahrscheinlich seinen Auftrag zu verlieren)? Oder empfiehlt der Außenseiter die beste der schlechten Optionen (schließlich können sich Außenseiter mit dem Argument ›Strategie zuerst‹ trösten)?

Bottom-up-Marketing klärt die Rolle des Außenseiters. Es bringt den Prozeß in eine logische Ordnung. Es schafft dem Außenseiter den Freiraum, alle taktischen Optionen zu analysieren, ohne daß eine Strategie ihm künstliche Beschränkungen auferlegt. Davon profitieren beide Seiten.

Das Naheliegende sehen

Der Außenseiter kann Ihnen helfen, die ›naheliegende taktische Idee‹ zu sehen. Manchmal ist gerade die naheliegende Idee am schwersten zu verkaufen. Wenn eine Idee naheliegt, nimmt jeder innerhalb der Firma an, sie sei schon erprobt worden und habe nicht funktioniert. Naheliegende Ideen sind aber die besten, weil sie bei Kunden und potentiellen Kunden schnell ankommen. Sie können mit minimalem Einsatz im Denken etabliert werden.

Insider lehnen das Naheliegende oft als zu simpel ab. Da es für sie naheliegt, kann es für den Markt nicht ›neu‹ sein.

Das trifft gewöhnlich nicht zu. Die Verbraucher befassen sich selten so viel mit einer Firma und ihren Produkten, daß sie sich der naheliegenden Idee bewußt sind.

Als Uniroyal das Nauga einführte, das Fabelwesen, das für Naugahyde verantwortlich ist, war es sofort ein Erfolg. Der Öffentlichkeit gefiel dieses neue, originelle Werbekonzept. Das Nauga aber war ein alter, interner Firmenscherz. Es war so naheliegend, daß der Insider ihn nicht sah.

Der Außenseiter hat die Rolle, die naheliegende Idee nicht ohne gründliche Anhörung unter den Tisch fallen zu lassen. Außenseiter bringen oft frischen Wind in den Konferenzraum. Insider können sich leicht in ihre eigenen Produkte und Dienstleistungen verlieben. Sie werden von der Unternehmensphilosophie gefangengenommen. Sie sprechen irrige Ideen so oft aus, daß diese Ideen wirklich werden.

Der Außenseiter kann die Firmenmythen vom Tisch fegen und Realität in die Diskussion einbringen.

Der ewige Außenseiter: Die Werbeagentur

Der einzige Außenseiter, der regelmäßig durch die Flure der Wirtschaft schlendert, ist der Vertreter der Werbeagentur.

Wer gibt den Ton an in Ihrer Beziehung? Sie oder Ihre Werbeagentur?

»Wir sind Partner«, sagt die Agentur.

»Wir geben den Ton an«, sagt die Firma, aber ganz leise, oder wenigstens außer Hörweite der Agentur.

Die Hersteller von High-Tech-Produkten wie Computern und Industrieanlagen geben bei der Werbung eher selbst den Ton an. Sie meinen – aus gutem Grund –, daß ihre Produkte zu kompliziert sind, als daß sie ihren Werbeagenturen die Zügel überlassen sollten.

Die Hersteller von Low-Tech-Produkten wie Bier und Sprudel lassen eher ihre Agenturen den Ton angeben. (Andererseits ist das Low-Tech-Unternehmen Procter & Gamble bekannt dafür, daß es alle Aspekte seiner Werbung straff unter Kontrolle hält.)

Angenommen, die Werbeagentur spielt die dominierende Rolle, so ist die Beziehung stabil, solange alles gut läuft. Wenn etwas schiefläuft, endet die Beziehung gewöhnlich, oft so plötzlich wie ein einschneidender Schlag im Krieg. Die Leute in der Agentur wissen gar nicht, wie ihnen geschieht.

Zunehmend spielt jedoch die Firma die dominante Rolle. Wenn alles gut läuft, läßt sich massenhaft Lorbeer verteilen. Wenn alles gut läuft, sind viele Firmen sogar bereit, die Agentur behaupten zu lassen, sie habe das Sagen (manche Ehe funktioniert auch so).

Bottom-up-Marketing kann diesen alten Konflikt lösen helfen. Wenn die Agentur sich auf die Taktik konzentriert und der Auftraggeber auf die Strategie, hat jede Seite einen Bereich, in dem sie vor allem verantwortlich ist. Man muß nur bedenken, daß Taktik die Strategie diktiert. Dann dürfte die Beziehung reibungslos funktionieren.

Wenn Agenturen ihre Objektivität verlieren

Die meisten Firmen schätzen ihre Agentur wegen ihrer Objektivität. Einige Werbeagenturen sind allerdings schon so lange dabei, daß sie mehr wie Insider geworden sind als Außenseiter.

Was geschieht, wenn Ihre Agentur die Objektivität verliert? Es ist manchmal sehr schwer festzustellen, besonders, weil Sie über sich selbst nicht objektiv sein können.

Wenn Sie genau hinsehen, gibt es vielleicht Anzeichen. Wenn Sie eine Idee ausdrücken, sagt der Vertreter Ihrer Agentur dann zu schnell ja oder zu schnell nein? (Niemand hat 100 % recht oder 100 % unrecht.)

Gehört Ihre Agentur dem Club ›Idee des Monats‹ an? Ist sie nur allzu glücklich, eine zweite Idee auszubreiten, wenn die erste abgeschossen wird?

Wenn Sie einen dreifachen Bypass bekommen sollten, würden Sie sofort eine zweite Meinung einholen. Ihr Arzt könnte sogar darauf bestehen.

Was spricht gegen die gleiche Philosophie, wenn es um Millionenbeträge für die Werbung geht?

Aber seien Sie vorsichtig. Bevor Sie diese zweite Meinung einholen, sollten Sie auf den objektiven Rat gefaßt sein, den Sie bekommen könnten. Es geht nicht, ohne daß jemandem auf die Füße getreten wird. Niemand kann in eine Marketing-Situation kommen, ohne ein paar Egos zu verletzen. Der Grund: Ein Unternehmen ist wie ein Perpetuum mobile.

Niemand kommt in eine Firma, um die zweite Meinung abzuliefern, und hört dann: »Wir sind froh, daß Sie da sind. Im vergangenen Jahr, während wir auf Ihr Kommen warteten, haben wir nichts getan.« Natürlich werden Dinge getan und Entscheidungen getroffen. Dafür werden die Leute bezahlt.

Die Probleme werden von den Leuten kommen, die nicht das Richtige tun. Sie werden den Prozeß als Bedrohung ansehen und sich entsprechend verhalten.

Der Selbsterhaltungstrieb ist der stärkste aller menschlichen Instinkte, und deshalb muß das Top-Management darüber wachen, daß nicht das Gewohnheitsrecht über gutes Denken siegt.

Wenn Länder ihre Objektivität verlieren

Nirgends ist Objektivität von außen wichtiger als bei der Positionierung eines Landes im Denken der Touristen.

Die Verantwortlichen für den Tourismus stammen gewöhnlich aus dem Land, für das geworben wird. Anders als die Beschäftigten eines Unternehmens haben sie wahrscheinlich die meiste Zeit ihres Lebens in ihrem Land gewohnt. Sie haben lebhafte Erinnerungen, wie es einmal war, bevor all diese Landerschließer und Autobahnbauer die herrliche Landschaft in die Finger bekamen.

Sie kennen das schlechte Wetter, die Verkehrsstaus und die anderen Mängel des Landes. Für sie ist ihr Land selbstverständlich. Wie viele Amerikaner machen schließlich eine Europa-Rundreise, bevor sie die größten Touristenattraktionen in den USA besuchen? Eine Menge.

Der gleiche Mangel an Objektivität besteht auch in anderen Ländern. Neuseeland ist ein interessantes Beispiel.

Viele Amerikaner beginnen sich für Australienreisen zu interessieren. Der Zeitpunkt scheint günstig für Neuseeland, sich ein Stück von dem Kuchen zu holen. Schließlich ist es in derselben Ecke (4 Flugstunden entfernt), und es ist keine große Sache, beide Länder zu sehen, wenn man schon dabei ist.

Wie nutzt Neuseeland nun das Interesse an Australien?

Einfach. Man muß den Reisenden eine Idee von dem Land vermitteln, die es ihnen schwermacht, nicht für einen Besuch zwischenzulanden.

Nun der weniger einfache Teil. Was ist der wettbewerbsorientierte Denkansatz, der Australien einige Reisetage wegnimmt?

In all den Jahren, die Neuseeland in den USA geworben hat, ist es nie bei einer einfachen, einleuchtenden Idee oder ›Position‹ gelandet. Es änderte seine Werbung jedesmal, wenn ein neuer Tourismuschef kam. Das einzige, was bei den Leuten hängenblieb, war die Vorstellung, daß Neuseeland ein hübsches Land irgendwo im Südpazifik ist, mit massenhaft Schafen.

Für diejenigen unter Ihnen, die Neuseeland noch nie bereist haben: Der Anblick des Landes ist spektakulär. Im wesentlichen besteht es aus zwei Inseln. North Island ist der kalifornischen Küste sehr ähnlich, nur besser. Große, grüne Hügel, viel Wasser und Millionen von Schafen, die dafür sorgen, daß das Land immer perfekt maniküRt ist. South Island ist den Alpen sehr ähnlich. Große, schneebedeckte Berge, Fjorde, Seen, keine breiten Autobahnen. Werfen Sie dann hier und da einen Vulkan hinein, und ein paar malerische Städtchen, die im ländlichen England gepflückt sein könnten. Wahrhaft unverdorben und prachtvoll.

Da man mit einer spektakulären Landschaft arbeiten konnte, war es nicht schwer, eine Taktik zu entwickeln, um Neuseeland in Amerika bekanntzumachen.

Der Fernsehspot stellte eine Frage und beantwortete sie dann mit Bildern, die zu den Worten paßten.

»Welches ist die schönste Insel der Welt?«

»Die Kandidatin aus dem Norden hat herrliche Seen, unberührte Strände und bezaubernde Flüsse. Die Kandidatin aus dem Süden hat majestätische Berge, atemberaubende Fjorde und überwältigende Sonnenuntergänge.« »Aber Sie müssen nicht zwischen diesen beiden Inseln wählen. Sie können beide auf einer einzigen Reise besuchen.« »Bitten Sie einfach Ihr Reisebüro, Sie nach Neuseeland zu schicken, auf *die beiden schönsten Inseln der Welt.*«

Der wettbewerbsorientierte Denkansatz von ›Die beiden schönsten Inseln der Welt‹ verblüffte die Neuseeländer, die den Prototyp des Werbespots sahen. Sie sahen ihr Land nicht als zwei Inseln. Sie sahen auch seine Schönheit nicht. Sie waren zu nah dran und zu bescheiden.

Kapitel 15

Das Programm lancieren

Wenn Sie bereit sind, Ihr Programm zu lancieren, ist es Zeit, eine andere Gangart einzulegen. Statt der Bottom-up-Vorgehensweise sollten Sie das Programm ›Top Down‹ lancieren. Wenn Sie aber bereit sind, das Programm umzusetzen, sollten Sie auf eine präzise, zeitlich sorgfältig abgestimmte Durchführung von oben nach unten bestehen.

»Bottom-up für die Planung, Top Down für die Durchführung« ist das Schema, das wir empfehlen. Freilich kann man mit Fug und Recht sagen, daß die meisten Firmen genau umgekehrt vorgehen. Die Top-Manager planen die Strategie im Elfenbeinturm. Sie geben Strategiepläne heraus, die ihre Ziele in breiten, allgemeinen Begriffen darstellen. Das mittlere Management soll sich um die taktischen Details kümmern.

Derweil kommen an der Front die Strategiepläne in den goldenen oder silbernen Mappen an und wandern prompt ungelesen ins Regal. »Wir wissen, was unsere Kunden brauchen und wollen«, sagen die Vertreter. »Dieses Zeug würde sie nur verwirren.«

In der Werbeagentur brüten die Kreativen über eben diesen Strategieplänen, um zu sehen, ob nicht etwas dran ist... irgend etwas..., was sie in der Werbung gebrauchen können. Gewöhnlich finden sie tatsächlich etwas – aber bis es abgewandelt, verbessert und umgemodelt ist, erkennt es niemand mehr in der Firma. Macht nichts; Hauptsache kreativ.

Wie es im Militär geht

Eine militärische Organisation kombiniert Bottom-up-Planung mit Top-Down-Durchführung. Ist einmal von unten nach oben eine Strategie entwickelt, besteht eine militärische Organisation auf Top-Down-Durchführung, wobei für individuelle Entscheidungen niederer Chargen wenig Raum ist.

Wie ein gutes Fußballspiel hat ein guter militärischer Angriff eine nahtlose, makellose Durchführung, bei der jede Einheit ihre vorher festgelegte Aufgabe genau zur rechten Zeit und am rechten Ort erfüllt.

Das wird in der Wirtschaft nicht funktionieren, denken Sie vielleicht. Aber es funktioniert. Es funktioniert jeden Tag in Firmen wie Hertz, Avis und McDonald's.

Das Geheimnis einer überlegenen Konzessions-Organisation liegt darin, das Drehbuch zu schreiben und dann danach zu handeln. Wenn man eine schlagkräftige, kohärente Marketing-Ausrichtung (Strategie) hat, läßt man die einzelnen Spieler nichts daran ändern.

Wie es in der Wirtschaft geht

Der Wirtschaft könnte es guttun, die Durchführung ähnlich wie beim Militär zu regeln. Allzu oft werden Strategien, die an der Spitze geplant wurden, niederen Chargen übergeben, die dann viel Spielraum für taktische Änderungen haben.

Manchmal geht das gut. Ein fehlerhafter Strategieplan kann manchmal durch taktische Änderungen gerettet werden, die niedere Chargen an der Verkaufsfront vornehmen.

Aber das ist keine effektive Methode, zu planen und zu handeln. Dies sieht man heute in vielen großen Unternehmen. Niedere Chargen handeln routinemäßig und direkt den strategischen Anweisungen zuwider, die ihr Hauptquartier aus dem ›Elfenbeinturm‹ gegeben hat. Die Chargen behalten ihren Arbeitsplatz, weil sie taktisch effektiv sind.

Das ist Verschwendung. Eine Firma könnte viel effektiver sein, wenn ihre Leiter zuerst ins Feld gehen würden, um ihre Unternehmensstrategien von unten her aufzubauen. Strategieplanung von oben nach unten hat etwas Ironisches: Bei all dem Gerede über Ziele, Absichten, Pläne und Aufgabenbeschreibungen werden die meisten Unternehmen heute in Wahrheit nicht von der Strategie geleitet. Sie reden viel, wenn der Tag lang ist – aber in der Praxis ist das Schema umgekehrt.

Jeder tut draußen, was er oder sie für richtig hält, statt dem einheitlichen, kühnen Schlag zu folgen, den wir besprochen haben. In solchen Firmen ist die Unternehmensstrategie wie die Kunst, die Sie zu Hause an die Wand hängen. Sie tut nichts, niemand achtet darauf, aber Sie fühlen sich wohler in dem Wissen, daß die Bilder da sind. Nackte Wände machen die Leute nervös, und eine Firma ohne Unternehmensstrategie scheint ebenfalls irgendwie unvollständig zu sein.

Würde es denn wirklich einen Unterschied machen, wenn Ihr Unternehmen keine Strategie hätte? Seien Sie ehrlich. Wahrscheinlich nicht.

Fragen Sie jemanden in Ihrer eigenen Firma, was deren Strategiepläne besagen. Wenn Sie eine 5 cm dicke Mappe zur Antwort bekommen, wissen Sie, daß Ihre Firma nicht wirklich nach dem Drehbuch arbeitet.

Das von der Strategie geleitete Unternehmen

Das Ironische am Bottom-up-Marketing ist, daß die Anwendung des Konzepts eine Firma schaffen wird, die von der Strategie geleitet wird, im Unterschied zu einer Firma, die nur so redet.

Wenn eine Firma ihre Strategie auf einer funktionierenden Taktik aufbaut, wird sie von der Strategie geleitet. Sie hat einen starken Brennpunkt, der in einem einzigen Konzept, mit einfachen Worten ausgedrückt werden kann.

Domino's Strategie ist es, mit der Taktik »Lieferung nach Hause in 30 Minuten oder schneller, garantiert« den Markt für Pizza frei Haus zu beherrschen. Das ist alles. Man braucht die 5-cm-Mappe nicht, um die Strategie zu erklären. Allerdings benutzt Domino's die 5-cm-Mappe, um seinen Konzessionären das System detailliert zu erklären. Sie ist ein Arbeitsinstrument, das benutzt wird, kein Ausdruck einer Unternehmensphilosophie, der statt dessen im Regal steht.

Das von der Taktik geleitete Unternehmen

Einer Firma, die im Elfenbeinturm plant und dann den Truppen ihre Strategiepläne in der üblichen poetischen Form zuteil werden läßt, ergeht es genau umgekehrt. Sie wird eine von der Taktik geleitete Firma ohne kohärente Marketing-Ausrichtung. Sie treibt in den Gezeiten und im Wind. Ihre Zukunft hängt mehr vom Timing und vom Glück ab als von Planung und Durchführung.

Unternehmen können sich wandeln. Ein ziellos treibender Koloß kann ein starkes Zielbewußtsein erhalten. Aber die Verwandlung geschieht nicht über Nacht.

Der erste Schritt ist, eine Taktik zu finden, die funktioniert, und sie dann zu einer Strategie auszubauen. Am Anfang wird die Strategie nicht alle Produkte oder Abteilungen eines Unternehmens umfassen. Das kann sie nicht. Unternehmen geraten nicht über Nacht außer Kontrolle. Sie laufen über eine gewisse Zeit allmählich aus dem Ruder. Eine amorphe Masse von Produkten und Dienstleistungen läßt sich nicht über Nacht in eine mächtige Absatzmaschine verwandeln.

Außerdem läßt die Zukunft sich nicht voraussagen. Und man kann nicht genau planen, wie sich die Konzentration auf einzelne Produkte über die Jahre entwickeln wird. Wenn man das versucht, verliert der Planungsprozeß den Kontakt mit der Realität.

Die Realität ist der Markt und die Wahrnehmung des Verbrauchers. Das ist der Ort, an dem der Konzentrationsprozeß ansetzen muß. Sie müssen mit einem einzigen Programm beginnen, aufbauend auf dem stärksten Denkansatz für den Wettbewerb, den Sie finden können. Dann sehen Sie, wie sich dieses Programm auf andere Produkte und Dienstleistungen auswirkt.

Sie müssen die Richtung vielleicht in künftigen Jahren abwandeln, so, wie eine Panzerdivision auf ihrem Weg ein Hindernis umfährt. Das aber können Sie nicht im voraus wissen.

Alles ist vergebens, wenn Ihr erstes Programm nicht dramatisch vom Boden abhebt. Wie genau sollte das Programm lanciert werden?

Der ›große Knall‹

Sie bekommen nie eine zweite Gelegenheit, einen ersten Eindruck zu hinterlassen. Wichtige Ideen sollten wichtig aussehen. Und wenn Ihre Idee nicht wichtig ist: Gehen Sie zurück an die Front und finden Sie eine, die es ist. Weiter muß eine neue Idee unbedingt sichtbar sein, was ohne größeren Medienaufwand sehr schwer zu erreichen ist.

Sie sollten den ›großen Knall‹ immer in Betracht ziehen. Lancieren Sie das Programm mit soviel Gewicht und Schwung in den Medien, wie Sie sich leisten können. Diese Vorgehensweise kann Ihnen helfen, die Trägheit zu überwinden, die es immer gibt.

Die Kunden sitzen nicht da und warten auf Ihre neue Idee oder Ihr neues Produkt. Sie brauchen Aufregung ganz vorne, um die Aufmerksamkeit des Marktes zu erregen, bevor Sie ihnen etwas verkaufen können.

Als Apple den Macintosh-Computer lancierte, klotzte man mit zwanzigseitigen Anzeigen in der Wirtschaftspresse. Sie sollten nicht nur hart zuschlagen, sondern auch schnell. Keine gute Idee bleibt lange allein.

Früher hatte man gewöhnlich Zeit, bevor die Konkurrenz auf den Plan trat. Das war einmal. Manchmal wird man so schnell kopiert, wie jemand nach Taiwan und zurück fliegen kann. Deshalb ist es wichtig, Ihr Programm so rasch wie möglich unter die Leute zu bringen. Selbst wenn Sie auf dem Weg noch einiges korrigieren müssen.

Das ›langsame Ausrollen‹

Der große Knall hat ein zweites Gesicht. Es heißt ›langsames Ausrollen‹. Dies ist die bessere Methode für kleinere Firmen, die gegen viel größere Konkurrenten antreten.

Statt im ganzen Land und mit einem großen Knall lancieren Sie das Programm in einer einzigen Stadt, einem Bundesland oder einer Region. Dann rollen Sie das Programm langsam in andere Gebiete aus. Wahrscheinlich wird es dabei irgendwann ein Programm für das ganze Land.

Wenn Sie für eine kleine Firma arbeiten, gibt es zwei Gründe, das Ausrollen dem großen Knall vorzuziehen:

1. Kleine Firmen haben nicht die Mittel, um sich den großen Knall zu leisten. Er ist nicht nur kostspielig, sondern er zieht auch Gelder vom Aufbau der Infrastruktur ab, die Sie für ein wachsendes Geschäft brauchen. Deshalb ist es besser, die Sache langsam geographisch auszurollen.
2. Kleine Firmen sollten vielleicht ihre größeren Konkurrenten nicht zu sehr auf sich aufmerksam machen. Wenn Sie Ihre Idee oder Ihr Produkt langsam ausrollen, ist die Wahrscheinlichkeit geringer, damit aufzufallen. Und selbst wenn das Programm bemerkt wird, halten Ihre größeren Konkurrenten es vielleicht nicht für eine große Bedrohung, wenn sie es als regionales Programm wahrnehmen statt als nationales.

Aggressivität zahlt sich aus

Opfern Sie aber nie die Wirksamkeit, indem Sie Ihre Programme entschärfen. Selbst wenn Sie für eine kleine Firma arbeiten: Seien Sie aggressiv.

Viele Firmen zögern, aggressive Absatzprogramme zu lancieren, weil sie ihren Konkurrenten nicht auf die Füße treten wollen. Sie scheinen die Kumpanei auf dem jährlichen Industrietag höher zu schätzen als alles andere, einschließlich der Wirksamkeit ihres Absatzprogramms.

Das ist ein Fehler. Treten Sie Ihren Konkurrenten auf die Füße. Sie werden Sie dafür achten.

Achtung bewegt sehr viel mehr Waren als Freundschaft. In Amerika kaufen wir 42mal so viele Automobile von unseren einstigen Feinden, den Deutschen und Japanern, wie von unseren einstigen Freunden, den Engländern und Franzosen.

Wenn Sie wollen, daß die Leute Sie lieben, seien Sie lieb zu ihnen. Wenn Sie wollen, daß die Leute Sie achten... hauen Sie sie auf die Nase.

Kapitel 16

Kurs halten

Nach einem erfolgreichen Start ist Kurs halten Ihre nächste wichtige Aufgabe. Es ist die schwierigste von allen Aufgaben.

Die meisten Manager verstehen die Natur der Strategie selbst nicht. Sie halten Strategie für etwas, das über eine bestimmte Zeitspanne stattfindet, wie bei der langfristigen Strategieplanung. Strategie entfaltet sich in der Zeit, ist aber in sich zeitlos. Strategie ist eine kohärente Marketing-Ausrichtung.

Deshalb ist ein Fünfjahresplan sinnlos. Wenn Sie den besten taktischen Wagen besitzen und die beste strategische Straße gewählt haben, um ihn darauf zu fahren, ist es dann sinnvoll, Ziele am Ende von Jahr 1, Jahr 2, Jahr 3 usw. zu haben?

Bremsen Sie am Ende des Jahres ab, weil Sie über Ihr Ziel hinausgekommen sind? Beschleunigen Sie, wenn Sie Ihr Ziel verfehlt haben? Wenn ja, sollten Sie sich einen anderen Fahrer besorgen.

Um im Marketing zu gewinnen, müssen Sie wie beim Autorennen durchgehend Vollgas geben.

Außerdem spielt ein Fünfjahresplan mit gesundem Jahresumsatz die Bedeutung Ihrer Konkurrenz erheblich herunter. Die Zukunft läßt sich nicht vorhersagen, denn Sie können nicht vorhersagen, was Ihre Konkurrenten tun könnten. Wie konnten IBMs langfristige Pläne für Großrechner das Aufkommen des Minicomputers vorhersehen? Deshalb kommt es beim Kurshalten darauf an, Vollgas zu geben und gleichzeitig achtzugeben, was die Konkurrenz tut.

Unternehmensführung an die Front

Um die Strategie auf Kurs zu halten, muß man Kommunikationskanäle zur Front haben. Die meisten Top-Manager werden vom wirklichen Geschehen abgeschirmt. Das läßt sich am besten dadurch vermeiden, daß man sich selbst an die Front begibt.

Ein Beispiel ist die Schlacht von Frankreich. Wo waren die deutschen Panzergeneräle in den entscheidenden ersten Tagen? Sie waren an der Front und führten die Vorhut an. Besonders Rommel glaubte fest daran, dort zu sein, wo etwas geschieht. Bei der Überquerung der Maas, dem größten militärischen Hindernis bei der Eroberung Frankreichs, war er unten am Fluß und half seinen Truppen, die Panzer auf die Kähne zu laden.

Eine Marketing-Kampagne läßt sich am besten von der Front her führen. In der Automobilindustrie ist Lee Iacoccas Stil zum Beispiel viel besser als der von Roger Smith.

Den Erfolg ausbauen

Bauen Sie den Erfolg aus. Lassen Sie Mißerfolge fallen. Gegen diese alte militärische Maxime wird in der Wirtschaft heute oft verstoßen.

Das Geheimnis des militärischen Erfolges liegt darin, Benzin und Proviant an die Panzerführer zu verteilen, die am besten vorankommen. Und den Panzerführern, die steckengeblieben sind, den Nachschub abzuschneiden.

Die meisten Firmen tun das genaue Gegenteil. Sagen wir, eine Firma produziert in fünf Bereichen. Drei sind Erfolge, zwei sind Flops. Raten Sie mal, wofür das Management am meisten Zeit und Aufmerksamkeit einsetzt? Genau – für die Flops.

Verabschieden Sie sich von Flops. Geben Sie den Nachschub den Erfolgreichen. Das ist gute militärische Strategie, und es ist auch gute Marketing-Strategie.

Ein Grund, warum Manager zögern, die Flops abzuschießen, ist die Vorstellung, das würde ihrem Ansehen schaden. So päppeln sie die Flops liebevoll weiter mit Pipapo und tausend Tricks. Und raten Sie mal, woher das Geld kommt, um die Flops zu finanzieren? Genau – von den erfolgreichen Produkten.

Die Manager rechtfertigen diese Entscheidungen oft mit Vorhersagen einer strahlenden Zukunft... die stets 3 bis 5 Jahre entfernt ist. Je größer die Verluste, desto rosiger werden die Voraussagen.

Die Geschichte des Marketings lehrt allerdings, daß das Gegenteil gewöhnlich zutrifft. Verlusten am Anfang folgen meist noch größere Verluste, wenn der Verlierer versucht, den Mißerfolg zu stützen. RCAs Angriff auf IBMs Computer-Position ist ein Beispiel.

Andererseits folgt auf Erfolg am Anfang meist noch größerer Gewinn. Der 914 war sofort ein Verkaufsschlager, als Xerox ihn lancierte.

Firmen, die in hoffnungslose Fälle weiter Mittel pumpen, sollten sich ein Beispiel an Federal Express nehmen. Man kann nicht in der Zukunft leben.

Man kann nur in der Gegenwart leben. Federal Express stellte Zapmail ein, weil sie ein Flop war. Noch drei Jahre Zapmail, und Federal Express wäre möglicherweise selbst in Schwierigkeiten gekommen.

Wenn Sie Mißerfolge fallenlassen, sind Sie in einer viel besseren finanziellen Position, um den Erfolg auszubauen, wenn er tatsächlich kommt.

Zentralisiert bleiben

Firmen, die rasch wachsen, sind gewöhnlich zentralisiert. Erst nach einem großen Erfolg beschließen sie, zu dezentralisieren. »Wir sind zu groß geworden, um alle unsere Abteilungen zusammenzuhalten.«

An diesem Punkt wird das Wachstum plötzlich langsamer.

Eine dezentrale Firma ist näher an der Front, aber meist nicht im Stande, aus einer effektiven Taktik eine Strategie zu machen. Die verschiedenen Abteilungen mögen wissen, was vor sich geht, und eine Reihe taktischer Erfolge verbuchen, aber sie sind nicht organisiert für Bottom-up-Marketing. Sie können einen taktischen Erfolg nicht zu einer einheitlichen Unternehmensstrategie ausbauen.

Nehmen Sie ITT – das Unternehmen war ein unregierbares Chaos geworden. Die meisten Firmen, die Harold Geneen gekauft hat, werden jetzt wieder abgestoßen, aber das eigentliche Problem ist das Stammgeschäft der ITT, die Telekommunikation. In diesem Stadium hätte ITT in derselben Liga sein sollen wie IBM und AT&T. Es ist wieder ein Fall von Geldverschwendung für Nebenkriegsschauplätze, statt die Mittel konzentriert einzusetzen.

Noch schlimmer ist, daß ITT jüngst bei der Telekommunikation, dem ITT-Kronjuwel, das Handtuch warf. ITT Telecommunications gehört jetzt der Compagnie Générale d'Electricité, einem staatseigenen französischen Konzern.

Im Krieg gibt es keine Dezentralisierung. Eine Armee geht nie mit dezentraler Organisation in die Schlacht. Kein Feldkommandant würde zulassen, daß Divisionen unabhängig voneinander vorgehen. Der Kommandant hält vielmehr jede Einheit unter straffer Kontrolle. Wehe dem Divisionsgeneral, der versäumt, einen Angriff pünktlich zu starten oder die Truppen an der Stopplinie anzuhalten.

Einige traditionell dezentrale Firmen wandeln sich gerade. Bei General Electric nimmt Jack Welch die Firma zum Beispiel fester an die Kandare – mit beträchtlichem Erfolg. Das gleiche tut John Reed bei der Citibank.

Diese Beispiele sind zum größten Teil Ausnahmen. Zu einer Zeit, in der die Wirtschaft Leute braucht, die groß denken, gehen die meisten Unternehmen den entgegengesetzten Weg. Wirtschaftskapitäne, die die Dezentralisierung als Entschuldigung gebrauchen, um sich aus der Schlacht herauszuhalten, tun sich und ihren Unternehmen keinen Gefallen.

Die Kräfte konzentriert halten

Dezentralisierung bedeutet, den Planungsprozeß weiter unten anzusetzen. Eines der 500 größten amerikanischen Unternehmen prahlte, die Hälfte seiner Manager sei mit Strategieplanung befaßt. Pattons Dritte Armee hatte 105 Generäle und nur einen Strategieplaner.

Je mehr Leute am Planungsprozeß beteiligt sind, desto weniger wahrscheinlich wird eine Firma eine glänzende Strategie entwickeln. Eine Firma sollte den Planungsprozeß weiter oben statt weiter unten ansetzen.

Es ist paradox: Um eine Taktik zu finden, die funktioniert, müssen Sie näher an der Front sein. Um diese Taktik zu einer Strategie zu entwickeln, ist es besser, näher an der Spitze der Organisation zu sein.

Oberflächlich könnte es scheinen, daß ein dezentrales Unternehmen näher an der Front ist. Das ist jedoch eine Illusion, denn es hat keine Möglichkeit, eine Taktik, die eventuell gefunden wird, zu einer kohärenten Marketing-Ausrichtung auszubauen.

Ein dezentrales Unternehmen ist wie ein Krake mit viel Empfindung in seinen Tentakeln, aber ohne Hirn, um einen Fangarm auszusuchen und zu einer Strategie zu machen. Das Fleisch ist willig, aber der Geist ist schwach.

Der Geist der Risikobereitschaft beim Top-Management geht in einer dezentralisierten Firma als erstes verloren. Manager sind nicht blöd. Sie wissen, daß sie irgendwie ›oberhalb der Schußlinie‹ kommen können, daß sie an die Spitze ihrer Firma aufsteigen können, wo ein goldener Fallschirm ihrer harrt, um im Fall einer Übernahme für eine weiche Landung zu sorgen.

Es ist leicht festzustellen, ob man unterhalb oder oberhalb der Schußlinie ist. Man ist unterhalb der Schußlinie, wenn man gefeuert werden kann, weil man Absatzziele nicht erreicht. Man ist oberhalb der Linie, wenn man nicht gefeuert werden kann, weil man Absatzziele nicht erreicht.

Wenn Sie über der Linie sind, sind diese Ziele keine persönlichen Ziele mehr. Natürlich schmücken Sie sich mit den Erfolgen in Ihrem Bereich, und Sie haben den Luxus, anderen die Schuld für Mißerfolge geben zu können. Sie haben Unkündbarkeit in der Firma erreicht. Eine angenehme Position, die freilich weit weg vom Geschäft selbst ist.

Sie sind eine weitere Galionsfigur am Prachtschiff des Unternehmens geworden.

Geschäfte konsolidieren

Wenn die Dezentralisierung die Schußlinie immer tiefer heruntergedrückt hat, stehen die Firmen mit einer Ansammlung von Lehensgütern da, von denen keines mächtig genug ist, allein ein großes Programm zu lancieren. So ist das Marketing bei vielen Firmen heute zu einer Sammlung von Holdinggeschäften verkommen. Das könnte man den Grabenkrieg der Wirtschaft nennen.

Die größte Chance in der Wirtschaft ist heute die Umkehrung des Dezentralisierungsprozesses. Die Unternehmen müssen anfangen, ihre Einheiten zu konsolidieren, damit sie groß und mächtig genug sind, wirksame Absatzfeldzüge zu führen.

Hewlett-Packard zum Beispiel hatte drei autonome Abteilungen, die verschiedene (und nicht kompatible) Computer herstellten und alle auf demselben Markt verkauften. Die Kunden begannen, sich zu beschweren, weil die Firma keine kohärente Strategie hatte. So nahm HP den Abteilungen die Autonomie und unterstellte sie in *einer* Gruppe *einem* Manager. Die erste Veränderung: Die Produkte wurden technisch kompatibel gemacht.

Dezentralisierung schneidet die Firmenchefs vom Lärm und Getümmel der Schlacht ab. Oft zerstört sie ihren ›Instinkt für die Schlacht‹, jene seltene Eigenschaft, mit der Alexander, Napoleon und andere große Militärführer begabt waren.

Die Wirtschaft braucht heute dringend mehr Feldmarschälle – Männer und Frauen, die willens sind, die Gesamtverantwortung für die Planung und Führung einer Absatzkampagne zu übernehmen. Allzu oft befördern Unternehmen ihre besten Marketing-Leute aus der Schußlinie heraus, hinauf in die bedeutungslosen Stabspositionen.

Das erinnert an den Chef von Burger King, J. Jeffrey Campbell, der zum Vorsitzenden der Restaurantgruppe von Pillsbury befördert wurde, gerade als Burger King ihn am nötigsten brauchte.

Vorsicht Verwundete

Wenn eine neue Absatzstrategie eine alte Idee oder Vorgehensweise ersetzt, kann es in der Firma auch ›Verwundete‹ geben. Hüten Sie sich vor ihnen.

Die Schöpfer einer neuen Idee merken es vielleicht nicht, aber ihre Bemühungen können die Verteidiger der alten Idee oder des Status quo in Bedrängnis gebracht haben. Der Betreffende, der in der Firma Ansehen verloren hat, ist kein guter Verlierer, sondern geht in Deckung und wartet auf eine Gelegenheit, die eben flügge gewordene Idee anzugreifen und herunterzuziehen, bevor sie richtig in Schwung kommt.

Der innere Gegner in der Firma kann ebenso tödlich für Ihr neues Programm sein wie Ihr Konkurrent.

Kapitel 17

Das Gespür für den Erfolg

Sie haben eine Taktik gewählt, von der Sie wissen, daß sie funktioniert, Ihre Strategie ist entwickelt, um die Taktik langfristig zu verstärken, und Sie haben das Programm mit einem großen Knall lanciert. Wie läßt sich der Erfolg messen?

Zuerst müssen Sie wissen, was Sie suchen. Erwarten Sie keinen sofortigen finanziellen Erfolg – erwarten Sie aber durchaus ein Zeichen, daß Ihre Marketing-Botschaft im Gespräch ist. Aufmerksamkeit ist der erste Schritt im Kaufzyklus.

Federal Express war kein sofortiger finanzieller Erfolg, aber es löste eine Flut positiver Artikel in der Presse aus. Manchmal sind sogar negative Artikel ein Anzeichen, daß die Marketing-Botschaft beginnt, ins Denken des Verbrauchers vorzudringen. Als Honda den Acura (einen enormen Erfolg) lancierte, waren die ersten Berichte in der Presse niederschmetternd. »Honda hat Anfangsschwierigkeiten auf dem Markt für Luxusautos«, lautete eine Schlagzeile des *Wall Street Journal*.

Wie ein Trend beginnt ein langfristiger Absatzerfolg gewöhnlich recht schleppend. Dann kommt er in Schwung. Wenn der Absatz zu schnell steigt, könnte es sich um eine Modeerscheinung handeln. Geben Sie acht: Der Absturz kann heftig sein (Videospiele und Hulareifen waren zwei Beispiele).

Märkte entwickeln sich in Wellen. Als erste kommen die frühen Einsteiger, die oft *Warentest* lesen und sich für Experten halten. Wie gut Sie bei diesen Multiplikatoren ankommen, ist ein wichtiger Maßstab Ihres Erfolges.

Ein anderer Maßstab, der sich allerdings nicht so leicht ermitteln läßt, ist ›das Unbehagen der Konkurrenz‹. Wenn

Ihr Konkurrent mit Prozessen droht, wissen Sie, daß Sie ins Schwarze getroffen haben. McDonald's Prozeß gegen Burger King wegen des Konzepts ›Gegrillt, nicht gebraten‹ ist typisch.

Wirtschaftszeitschriften können ebenso wichtig sein wie die Verbrauchermedien. Wenn man anfängt, Ihr Programm wahrzunehmen und darüber zu schreiben, haben Sie bei denjenigen ins Schwarze getroffen, deren Aufgabe es ist, über Ihre Branche zu schreiben. Wenn sie beeindruckt sind, werden wahrscheinlich auch Ihre potentiellen Käufer beeindruckt sein. Sieht es hingegen so aus, als hätten Sie es schwer, bei den Medien Interesse oder Begeisterung zu erregen, dann könnten Sie ein Problem haben. Keine Nachrichten sind schlechte Nachrichten.

Es ist nicht die Größe des Erfolgs, auf die es ankommt; die Richtung zählt. Solange sich die Dinge in die richtige Richtung bewegen, bekommen Sie einen Schwung, den die Konkurrenz kaum aufhalten kann.

Koppeln Sie schließlich Ihre Werbung nicht vom Verkauf ab, wie es viele Firmen tun. »Es ist sehr schwer, die Absatzentwicklung direkt mit der Werbung in Verbindung zu bringen«, sagt der leitende Vizepräsident für Marketing bei R. J. Reynolds. »Eine Firma oder Marke kann sehr schlecht abschneiden, auch wenn sie gute Werbung hat.«

Marketing ist eine Schlacht, die im Denken des Verbrauchers geschlagen wird. Gute Werbung bewirkt etwas in diesem Denken. Tut sie das nicht, so taugt die Werbung nichts, gleichgültig, wie viele Kreativitätspreise sie erhält.

Motto der Werbebranche: *Es ist leicht, einen Preis zu gewinnen, wenn man eine Anzeige für einen Auftraggeber macht, der nichts verkaufen muß.*

Kapitel 18

Vollgas geben

»Zuviel des Guten«, sagte das verstorbene amerikanische Original Liberace, »ist einfach herrlich.«

Wenn Sie einen großen Erfolg haben, sollten Sie alles hineinstecken. Sie sollten Vollgas geben. Ihr bester Schutz vor Angriffen der Konkurrenz ist massive Investition von Mitteln. Wenn Sie nicht schnell genug sind, lassen Sie Ihre Konkurrenten die Früchte ernten, die Sie mit Ihren Mühen gesät haben.

Ein Problem ist der Jahresetat. Er ist zwar schön und gut, um zu wissen, wo das Geld bleibt, aber er schafft ein System, das bei notwendigen Änderungen wenig flexibel ist.

Können Sie sich einen Krieg vorstellen, der auf einem Jahresetat beruht? Er würde etwa so aussehen: »Tut uns leid, Herr Oberst, aber Sie werden bis zum Januar auf Verstärkung warten müssen. Dann kriegen wir unseren neuen Etat.« Das Problem hier ist die verpaßte Chance.

Ihr neu lanciertes Programm könnte Ihren Hauptkonkurrenten zu einem großen Fehler verleiten. Die Chance, in diese Bresche zu dringen, könnte einen erheblich größeren Einsatz von Geld und Aufwand erfordern. Wenn der Etat des nächsten Jahres kommt, kann es zu spät sein.

Das Ziel ist der Marktanteil, nicht der Gewinn

Wenn ein Markt entsteht, sollte Ihr erstes Ziel darin bestehen, sich einen beherrschenden Marktanteil zu sichern. Zu viele Firmen wollen Gewinne machen, bevor sie ihre Position konsolidiert haben.

Was eine Firma stark macht, ist nicht die Ware oder Dienstleistung. Es ist die Position, die sie in der Wahrnehmung des Kunden besetzt.

Die Stärke von Hertz ist seine Position als Marktführer, nicht die Qualität seiner Mietwagen-Dienstleistung. Es ist leichter, oben zu bleiben, als an die Spitze zu gelangen. Können Sie eine Firma nennen, die einen Marktführer gestürzt hat? Crest hat es bei Zahncreme geschafft, dank des Stempels vom amerikanischen Zahnärzteverband. Budweiser hat es bei Bier geschafft und Marlboro bei Zigaretten. Aber es kommt selten vor, wie eine Studie über 25 führende Marken von 1923 an beweist. Heute sind 20 von diesen Marken noch an erster Stelle. Vier sind an zweiter Stelle und eine an fünfter Stelle.

Selbst Wechsel in der Rangordnung gibt es nicht oft. Wenn Marketing ein Pferderennen wäre, wäre es sterbensfad. In den 43 Jahren seit dem Zweiten Weltkrieg hat es unter den führenden drei Automobilherstellern der USA nur eine Änderung der Rangordnung gegeben. 1950 überholte Ford Motor Company die Chrysler Corporation und kam auf den 2. Platz. Seit damals ist die Reihenfolge unverändert General Motors, Ford, Chrysler. Monoton, nicht?

Die ›Trägheit‹ eines Marketing-Rennens, die Tendenz, daß Firmen oder Marken Jahr für Jahr in derselben Position bleiben, unterstreicht auch, wie wichtig es ist, sich gleich zu Anfang eine gute Position zu sichern. Es könnte schwierig sein, Ihre Position zu verbessern, aber wenn Sie es einmal schaffen, wird es relativ leicht, diese neue Position zu behalten.

Sich vom Feld lösen

Wenn Marketing ein Pferderennen wäre, könnten Sie deutlich sehen, wie wichtig es ist, sich frühzeitig vom Feld zu lösen.

Als das amerikanische Gesundheitsamt die Vermarktung von Ibuprofen (ein schmerzstillender Wirkstoff, Anm.

d. Ü.) genehmigte, reagierte die American Home Products schnell, um die Oberhand zu gewinnen.

Sie lancierte ›Advil‹ nicht nur mit massivem Werbeaufwand, sondern sie gab auch bei der Produktion Vollgas. Tatsächlich stellte sie das Produkt her, bevor es vom Gesundheitsamt genehmigt war. Wäre diese Genehmigung nicht durchgekommen, wäre Advil im Wert von Millionen eingestampft worden. Aber der Einsatz lohnte sich. Heute ist Advil die führende Ibuprofen-Marke.

Wenn Sie an die Spitze kommen: Sorgen Sie dafür, daß der Markt es weiß. Allzu viele Firmen halten ihre Führung für selbstverständlich und nutzen sie nie. All dies hält der Konkurrenz tatsächlich die Tür offen. Schlagen Sie ihr die Tür ins Gesicht, wenn Sie können. Der Kunde liebt den Unterlegenen, aber er kauft lieber beim Überlegenen.

Finanzieren Sie nie die Mißerfolge der Firma mit dem Gewinn des Erfolgsprodukts – dies ist ein typischer Buchhaltungstrick in Unternehmen mit vielen Produkten. Es schwächt Ihre Fähigkeit, Mittel in Ihre Erfolgsprodukte zu pumpen.

Der einzelne, kühne Schlag, den Sie entwickeln, braucht Geld, um seinen Schwung zu behalten. Wenn Sie sich auf einem frühen Erfolg ausruhen, werden Sie ein leichtes Ziel für die Konkurrenz.

Geben Sie das Geld für das Heute aus – dann wird für das Morgen gut gesorgt sein.

Kapitel 19

Schadensbegrenzung

»Auf dieser Welt«, schrieb Benjamin Franklin, »ist nichts gewiß außer dem Tod und der Steuer.«

In der Welt des Marketings gibt es sicheren Erfolg nicht. Gäbe es ihn, so wäre das Spiel nicht so spannend.

Wenn Ihr Absatzprogramm nicht zieht – seien Sie bereit, den Schaden zu begrenzen. Bis zum letzten Mann und zur letzten Frau kämpfen ist unklug.

In Amerika denkt man anders. Einen Mißerfolg anzuerkennen gilt als schlechte Form. Mehr Einsatz ist Ehrensache. Und wenn es richtig schlimm wird, gilt es als übliche Reaktion, daß ein Unternehmen sich selbst abschafft. Auf jeden Lee Iacocca, der trotz schlechter Chancen Erfolg hat, kommen hundert namenlose Firmenkommandos, die das versuchen und dabei untergehen.

Amerikas Wirtschaft ist auf Angriff trainiert, nicht auf Rückzug. »Wir brauchen nur mehr Einsatz beim Verkauf« ist der Schlachtruf für die Truppen in den Gräben. Es heißt weiter gegen alle Chancen ankämpfen. Und die Verluste steigen weiter.

In Wahrheit werden Absatzschlachten fast nie aufgrund von mangelndem Einsatz verloren. Schlachten werden aus drei Gründen verloren: (1) Ihre Strategie war falsch, (2) Sie haben etwas versucht, das Ihre Mittel überstieg, (3) das völlig Unerwartete geschah.

Vielleicht hat sich die Natur Ihres Marktes verändert. Vielleicht hat Ihr Konkurrent eine bessere Strategie entworfen.

Das Quentchen Glück

Dann muß man auch Glück haben. Sowohl Donald Trump als auch John Connally haben alles aufgekauft, was sie sahen. Heute ist einer Milliardär und der andere bankrott. Was ist der Unterschied zwischen Big Don und Big John? Rund 1600 Meilen und 3 Milliarden Dollar.

Trump hatte das Glück, zur richtigen Zeit Manhattan zu kaufen, und Connally hatte das Pech, zur falschen Zeit Texas zu kaufen. Mehr Einsatz hätte Herrn Connally nicht geholfen. In Texas sieht es schlimm genug aus. In einem einzigen Jahr erwirtschafteten 20 texanische Sparkassen über 4 Milliarden Dollar Verlust. Wenn eine Bank kein Geld verdienen kann, was soll man dann von einem Privatbürger erwarten?

Der geordnete Rückzug

Dies sollte ein Hauptseminar an der Harvard Business School sein. Viele Führungskräfte gehen an das Marketing heran, als sei die gegenwärtige Schlacht ihre einzige. Marketing ist eine Serie von Schlachten. Es kommt darauf an, mehr zu gewinnen als Ihr Konkurrent. Wenn Sie Ihre Mittel für eine verlorene Sache verschwenden, schmälern Sie nur Ihre Chancen, die nächste zu gewinnen.

Je eher Sie die Operation abblasen, wenn Ihre gegenwärtige Taktik offensichtlich blockiert ist, desto eher können Sie eine neue versuchen. Je eher Sie außerdem eine erfolglose Taktik aufgeben, desto mehr Mittel werden Sie haben, wenn Sie es wieder versuchen.

Kann man sich eine goldene Chance verscherzen, wenn man zu früh die weiße Fahne hißt? Die Gefahr besteht immer. Marketing ist ein Glücksspiel.

Die Geschichte lehrt allerdings, daß siegreiche Strategien gewöhnlich von Anfang an Zeichen des Erfolges aufweisen. Wenn alle frühen Zeichen negativ sind, sind Ihre Chancen dürftig. Der gefährlichste Aspekt der ›langfristigen Strategieplanung‹ ist die Annahme, ein wirklich bedeutsames, langfristiges Projekt müßte immer kurzfristig Verluste kosten. Diese Annahme ist der Grund dafür, daß das Management oft gutes Geld dem schlechten nachwirft und auf den Goldtopf in der Zukunft wartet.

USA Today hat Gannett in den ersten vier Jahren runde 470 Millionen Dollar gekostet. Kommt morgen der Goldtopf für *USA Today?* Rechnen Sie nicht damit.

Die Wahrheit ist, daß große, langfristige Erfolge meist vom ersten Tag an wenigstens einige Anzeichen des Erfolgs aufweisen. Große finanzielle Katastrophen sind meist schon am Anfang Katastrophen.

Viele Unternehmen werfen mehr Vertreter, mehr Werbung, mehr von allem in eine Situation, bei der wenig auf Erfolg hindeutet. Sie halten die Situation aufrecht, obwohl es besser für sie wäre, das Absatzprogramm sterben zu lassen.

Disponieren Sie um. Finden Sie eine andere Taktik und ändern Sie Ihre Strategie. Hoffentlich verhelfen Ihnen gerade die Gründe für das Scheitern Ihres ersten Programms zu den Erkenntnissen, die Sie brauchen, um Ihr nächstes Programm zu einem Erfolg zu machen.

Durch Verlieren können Sie mehr lernen als durch Gewinnen. »Zeig mir einen Millionär«, sagte jemand einmal, »und ich zeige dir jemanden, der mindestens dreimal pleite war.«

Kapitel 20

Mitspielen

Die meisten Marketing-Leute haben einen Traum. Sie sehen sich am Kopfende des Konferenztisches sitzen und einer Heerschar Untergebener Befehle erteilen.

Im Hintergrund steht eine Reihe von Computer-Terminals, die diese Befehle in ein weltweites Kommunikationsnetz eingeben. Jeden Tag kommt ein Würdenträger zu Besuch, verbeugt sich und erstattet Meldung. »Gratuliere. Sie haben gerade einen weiteren Absatzsieg in Rumänien errungen.«

Jede Woche entschweben Sie per Hubschrauber zum nächsten Flughafen, wo der Firmenjet wartet, um Sie zu einer hochherrschaftlichen Inspektionstour irgendwo auf der Welt zu bringen. Nichts zu Anstrengendes, versteht sich. Der Zweck ist, in Städten wie Paris und Wien Firmenflagge zu zeigen.

Ah, es lohnt sich, der größte Absatzstratege der Welt zu sein. Natürlich ist es nicht nur das Geld und der Ruhm. Es ist das Jagdvergnügen.

Ihre Bildung gehört zum Traum dazu. Sie haben natürlich die Business School von Yale ebenso wie von Harvard absolviert; also sind Sie nicht provinziell in Ihrem Denken. Wenn das Ihr Traum ist, wird dieses Buch nicht viel für Sie tun.

Machen Sie sich die Finger schmutzig

Wir müssen Ihnen leider das genaue Gegenteil empfehlen. Um ein großer Stratege oder eine große Strategin zu werden, müssen Sie sich die Finger auf dem Markt schmutzig machen. Sie müssen Ihre Inspiration unten an der Front finden, im Gewoge der großen Absatzschlachten, die im Denken des Verbrauchers stattfinden.

Es ist kein Geheimnis, daß die meisten unter den größten Militärstrategen der Welt unten angefangen haben. Und sie behielten ihren ›Biß‹, weil sie nie die Fühlung mit der Realität des Krieges verloren.

Carl von Clausewitz hat nicht die besten Militärschulen besucht, nicht unter den besten militärischen Köpfen im Feld gedient, seinen Beruf nicht von seinen Vorgesetzten gelernt.

Clausewitz hat seine militärische Strategie auf die beste, die härteste Weise gelernt. Indem er in einigen der blutigsten und berühmtesten Schlachten der Militärgeschichte an der Front diente.

Jena. Borodino. Beresina. Waterloo. Clausewitz war da und beobachtete, welche Taktik funktionierte und welche nicht. Jedes große strategische Prinzip, das Clausewitz erdachte, kam aus dem Schmutz des Schlachtfeldes, vom Zusehen, wie Männer lebten und starben, wie Schlachten gewonnen und verloren wurden.

Cameron Mackintosh, der Produzent der drei erfolgreichsten Musicals der Moderne, *Cats, Les Misérables* und *The Phantom of the Opera,* begann seine Karriere mit 18 als Bühnenarbeiter. Später war er Bühnenregisseur eines Wandertheaters. Mit 23 produzierte er sein erstes Stück, das mit einem totalen Verlust für seine Geldgeber endete.

Mackintosh blieb hartnäckig und produzierte britische Tourneeversionen von *Oklahoma!* und *My Fair Lady.*

»Ich habe eine Menge über das Handwerk des Musicals gelernt, als ich an diesen Klassikern arbeitete«, sagt er. »Heute bin ich ein Produzent, der mitmischt und sich um jeden Aspekt der Produktion kümmert.«

Wenn Sie große strategische Gedanken haben wollen, gibt es keinen Ersatz dafür, sich in die Taktik zu vertiefen, ob es nun um militärische Schlachten, Musical-Schlachten oder Absatzschlachten geht.

Gates, Monaghan und Smith

Taktik diktiert die Strategie. Die größten strategischen Erfolge der letzten Jahrzehnte waren von Leuten entwickelt, die den Markt, den sie dominieren wollten, genau kannten.

Denken Sie an William H. Gates III. von Microsoft, der größten Softwarefirma der Welt. Gates brach sein Studium in Harvard ab, wurde der jüngste Computerprogrammierer der Welt und dann der jüngste Präsident eines amerikanischen Großunternehmens.

Kann der Schluß schwerfallen, daß Bill Gates ein großartiger Firmenstratege ist, weil er die taktischen Probleme seiner Branche bestens kennt? Es fällt schwer, zu einem anderen Schluß zu kommen.

Denken Sie an Thomas S. Monaghan von Domino's Pizza, der weltgrößten Pizzakette für Lieferung frei Haus. Monaghan hatte kaum die Schule hinter sich, als er mit einem Kredit über 900 Dollar eine Pizzeria in Ypsilanti kaufte. Heute hat Domino's mehr als 4000 Filialen, die fast *2* Milliarden Dollar umsetzen. Monaghan hat mehr Pizzas gebacken als fast jeder andere Mensch. Man könnte sagen, seine Strategie kam aus dem Teig des Marktes.

Denken Sie an Frederick W. Smith von Federal Express, der weltgrößten Luftfrachtgesellschaft. Als Monaghan Pizzas buk, flog Smith Flugzeuge in Vietnam und dachte über einen neuen Luftfracht-Service nach.

Heute ist Federal Express ein milliardenschweres Unternehmen, das den Markt für Lieferungen über Nacht mit einem Anteil von mehr als 50 % beherrscht.

Smith, Monaghan und Gates kümmerten sich alle gründlich um die Taktik, und doch entwickelten ihre Firmen glänzende Strategien, die sie an die Spitze brachten. Taktik diktierte ihre Strategien.

Und Sie?

Wie stehen Ihre Chancen, groß herauszukommen wie Bill Gates, Tom Monaghan und Fred Smith?

Bescheiden. Das Glück ist eine unberechenbare Sache. Um groß herauszukommen, brauchen Sie eine gute Idee, und Sie müssen zur rechten Zeit am rechten Ort sein.

Aber Marketing ist nicht nur die Siegesfreude oder die Qual der Niederlage. Es ist auch ein Spiel. Und das Spiel gut zu spielen, kann selbst Belohnung genug sein.

Um das Spiel gut zu spielen, müssen Sie unten anfangen. Vielleicht nicht in eigener Person, wie Tom Monaghan, aber bestimmt gedanklich.

Sie müssen sich mit der Taktik der Schlacht befassen, die Sie gewinnen wollen. Konzentrieren Sie sich auf ihre Konkurrenten, auf ihre Stärken und Schwächen in der Wahrnehmung des Kunden. Finden Sie die eine Schlüsseltaktik heraus, die in der Ideenschlacht funktionieren wird. Dann bündeln Sie alles, um eine kohärente Marketing-Ausrichtung zu finden, mit der Sie diese eine Taktik nutzen können.

Seien Sie bereit, Veränderungen innerhalb der Organisation vorzunehmen, um die Chancen draußen zu nutzen. Die Umgebung können Sie nicht ändern, also versuchen Sie es nicht. Ändern Sie vielmehr Ihre Organisation.

Sie können nicht allen alles sein. Widerstehen Sie der Versuchung, Ihre Kräfte zu streuen, ein Dutzend kleine Schlachten zu schlagen, die Ihre Mittel erschöpfen und es Ihnen unmöglich machen, die große Schlacht zu gewinnen.

Seien Sie außerdem bereit, Ihre Strategie zu ändern, wenn sie nicht funktioniert. Niemand kann die Zukunft vorhersagen. Das Leben ist ein Glücksspiel. Marketing ist ein Glücksspiel. Wenn Sie aber richtig nachdenken, wenn Sie hinuntergehen an die Front, eine Taktik finden, die funktioniert und sie zu einer Strategie ausbauen, stehen Ihre Chancen auf Erfolg sehr gut. Selbst wenn Ihr Marketing-Sieg nicht in die Geschichtsbücher eingeht – Erfolg ist immer etwas, das positiv zu Buche schlägt.

Den Kunden gewinnen

HEYNE BÜCHER

Wirtschaft

*Praxisnah vermitteln
renomierte Autoren
Wissenswertes und
Informatives zu
aktuellen
Wirtschaftsthemen
unserer Zeit.*

Thomas Gordon
**Manager-
konferenz**
Effektives
Führungstraining

19/28

Harvey Mackay
**Schwimmen mit den Haien,
ohne gefressen zu werden**
19/171

Harvey Mackay
**Hüte dich vor dem nackten Mann,
der dir sein Hemd verkaufen will**
22/1009

Anthony Sampson
Globalmacht Geld
*Der neue Reichtum oder Warum
Geld die Welt regiert*
22/1005

André Kostolany
Kostolanys Börsenseminar
Für Kapitalanleger und Spekulanten
22/1010

Ricardo Semler
Das Semco System
22/1008

John Mole
Der Euro-Knigge für Manager
*Gemeinsamer Markt,
verschiedene Sitten*
22/2009

Jay Conrad Levinson
Guerilla Marketing
*Offensives Werben und Verkaufen
für kleinere Unternehmen*
22/2014

Jeswald W. Salacuse
**International erfolgreich
verhandeln**
22/2015

Heyne-Taschenbücher